亲密关系

一本书读懂婚姻

李玲玲 ◎著

婚姻最美好的样子
就是双方在探索中学会共同成长!

中华工商联合出版社

图书在版编目(CIP)数据

亲密关系，一本书读懂婚姻 / 李玲玲著. -- 北京：中华工商联合出版社，2021.1
ISBN 978-7-5158-2871-8

Ⅰ.①亲… Ⅱ.①李… Ⅲ.①婚姻-通俗读物 Ⅳ.①C913.13-49

中国版本图书馆CIP数据核字(2021)第 010849 号

亲密关系，一本书读懂婚姻

作　　者：	李玲玲
出 品 人：	李　梁
责任编辑：	胡小英　马维佳
装帧设计：	周　琼
责任审读：	李　征
责任印制：	迈致红
出版发行：	中华工商联合出版社有限责任公司
印　　刷：	北京毅峰迅捷印刷有限公司
版　　次：	2021 年 3 月第 1 版
印　　次：	2021 年 3 月第 1 次印刷
开　　本：	710mm×1020mm　1/16
字　　数：	200 千字
印　　张：	14.75
书　　号：	ISBN 978－7－5158－2871－8
定　　价：	49.80 元

服务热线：010－58301130－0（前台）
销售热线：010－58302977（网店部）
　　　　　010－58302166（门店部）
　　　　　010－58302837（馆配部、新媒体部）
　　　　　010－58302813（团购部）
地址邮编：北京市西城区西环广场 A 座
　　　　　19－20 层，100044
http://www.chgslcbs.cn
投稿热线：010－58302907（总编室）
投稿邮箱：1621239583@qq.com

工商联版图书
版权所有　侵权必究

凡本社图书出现印装质量问题，请与印务部联系。
联系电话：010－58302915

序言 *Preface*

婚姻最大的魅力不是"你侬我侬",而在于探索两个毫无血缘关系的人,究竟能达成多么深的链接。

有这样一对夫妻,在婚后第七年遭遇了婚姻生活中最大的挑战:丈夫经营的公司面临破产。该问题牵连了整个家族,全部资金链一夜之间断裂。在沉痛的打击下,夫妻关系也面临巨大的挑战。妻子提出了离婚,丈夫沉浸在痛苦和绝望之中,完全丧失了面对未来的勇气。

幸运的是,就在他们的婚姻即将走到终点之时,二人来到了我的心理咨询室。也因此,他们接受到了新婚姻观念和新生活模式的引导,对关系亲密度产生了新看法。最后他们承诺对方:在今后的婚姻生活中,无论遇到什么风雨,都要一起学习和成长。在一起学习的过程中,夫妻二人进行了有效的沟通和更深入的交流,两个人携手渡过了难关。最重要的是,经过一番交流,他们终于了解了彼此心中最真实的情感。

好的婚姻关系,不只是要了解自己,更要让对方看到自己,让对方有机会真正走进自己的世界。然而,有太多的夫妻总是固守在自己的世界里,只看见自己,而看不到对方。

幸福的婚姻,需要建立在爱情之上。美好的爱情只出现在两个灵魂饱满、精神自由的人之间。而精神自由,仅仅在具有独立意志的个体和尊重与

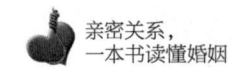

平等的环境中产生。所以，谈及婚姻，实际上是一个追求独立意志的人，获得幸福的过程。

没有爱情的婚姻是一潭死水，毫无波澜。夫妻彼此带着不甘和敌意，难以前行。而拥有爱情的婚姻，如果因为过分嫉妒而彼此捆绑，也是极其可悲的。这中间的度该如何把握，相信本书会给各位读者朋友带来一些启发。

一对夫妻就像两辆并行的车辆。挨得太近，彼此之间没有空隙，会出现车祸，伤了彼此。而离得太远，又会使其中一人产生恐慌心理，而焦虑不安。该怎么办？书中依然会有涉及。

这本书讲述的内容广泛，涵盖了一个独立的个体与另一个独立个体结合后的心理变化；原生家庭中的模式对核心家庭模式的影响；婚姻中的情感与婚姻中性的喜怒哀乐；婚姻中的经济账该如何把握分寸；婚姻中空间的束缚与情感自由等，既涉及婚姻中最难以启齿的秘密，也描述了每对夫妻都渴望的幸福美好。

书中诠释了许多关于女性与男性心理的部分，为了保护客户私隐，全部案例的主人公均使用化名（字母代替），旨在帮助读者了解婚后自己内心消极的变化。为什么自己会莫名的狂躁？为什么自己想要破坏婚姻以证明伴侣对自己的爱？为什么自己会抑郁不堪？为什么把希望全部寄托在孩子身上是对婚姻的一种伤害？当我们了解了自己婚后一系列的心理变化的缘由后，便能进行自我疏导，改变内心消极的心理变化。

反过来，生活幸福的夫妻更懂得了解内心积极的心理变化。什么样的婚姻模式会让自己舒心？什么样的沟通模式会让自己愉快？为什么放下对孩子苛求的自己似乎获得了自由？为什么夫妻需要为自己制造二人世界？为什么夫妻谈论关于社会现象中离婚底线的话题有助于增进感情？当我们对上述问题有了了解后，我们似乎更能轻松前行了。

我希望本书能对婚后生活遇到困难的夫妻起到家庭辅导的作用，作为一本婚姻宝典置于手边。本书的核心观点是鼓励婚后的夫妻寻找幸福相处的方式，如果在婚前并无爱情，也可以尝试培养出美妙的情感。如果是因为爱情而结合，那太棒了！这本书会帮助我们在激情衰退时，找到再次相爱的秘诀，开启真正的浪漫婚姻。

请相信，幸福的婚姻不是彼此消耗，而是共同成长！

目录
Contents

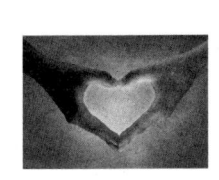

Chapter 01
第一章
好的婚姻，一定是夫妻共同成长

如果婚姻分为4个等级，你在哪一级 / 002

夫妻关系好坏决定家庭幸福度 / 004

和睦的夫妻关系是孩子成长最好的温床 / 006

好婚姻就是在问题中学会成长 / 008

Chapter 02
第二章
夫妻的经济账

房费AA制的夫妻 / / 012

不善理财的另一半 / 015

经济共享的夫妻生活是什么样的？/ 017

节俭不是抠门 / 020

好夫妻的经济账 / 022

I

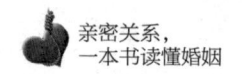

Chapter 03
第三章
婚姻中的"意料之外"

旅行中的意外 / 026

食物中毒是谁的错？ / 028

意外的二胎 / 031

生意危机 / 034

Chapter 04
第四章
原生家庭与核心家庭

不再做父母的传话筒 / 038

我嫁给了一个"妈宝男" / 040

父爱与家庭 / 043

情感失衡 / 046

已婚男性和家务 / 049

全职主妇的那些事 / 053

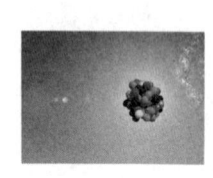

Chapter 05
第五章
婚姻中真实的自己

丢不掉的披肩 / 058

我是真的不适合结婚吗？ / 061

离家出走的妻子 / 063

对不起，我今天不想做饭 / 067

说出自己的渴望 / 069

怎么才能接纳自己？ / 072

怎样才能接受自己"渺小"？ / 074

Chapter 06
第六章
婚姻中的自由空间

婚后该不该交朋友？ / 078

他想一个人去旅行 / 081

结婚以后，我失去了朋友 / 084

为什么说我不懂她？ / 086

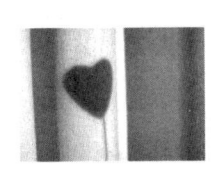

Chapter 07
第七章
当爱即将消失

结婚后的女人 / 090

性爱分离夫妻 / 093

他能陪你一辈子吗？ / 095

Chapter 08
第八章
婚姻中的性

出轨，到底该不该原谅 / 100

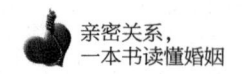

丈夫的"恋物癖" / 103

妻子性冷淡的"真相" / 106

妻子不为人知的秘密 / 109

生完孩子以后，他不再碰我 / 112

我是一个不值得原谅的丈夫 / 115

夫妻性生活怎么样才算和谐？ / 118

灵与肉的结合 / 119

Chapter 09
第九章
婚姻中的情感

一起吃个"巨辣"的火锅吧 / 124

"处女情结"撕裂了情感 / 127

娶了爱情，为什么还是会"孤独"？ / 129

嫁入"豪门"之后 / 132

对年龄的焦虑，我险些崩溃 / 134

长期家暴，我身心俱惫 / 136

我是一个倒插门女婿 / 138

因为偏见导致的"战争" / 141

Chapter 10
第十章
父母对孩子的影响

被嫉妒心所吞噬的孩子 / 148

人生输赢不重要 / 150

不想上学的孩子 / 153

无法恋爱的32岁男孩 / 155

Chapter 11
第十一章
夫妻携手成长

为什么说过分理智是在麻痹自己的感受？ / 160

讨好型伴侣十分危险 / 162

为什么说指责型的伴侣让人反感？ / 164

什么样的人可以在婚姻中享受自由？ / 166

怎么了解伴侣在想什么？ / 169

关于结婚 / 171

关于离婚 / 174

一起渡过更年期 / 176

成长路上，我落单了 / 179

Chapter 12
第十二章
婚姻美学

找到了适合自己的衣服 / 184

一起洗手做羹汤 / 186

卖出了占空间的家具 / 190

骑单车上班之后 / 193

恼人的"冷战" / 196

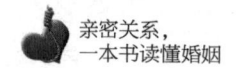

旅行的风景 / 199
我们再次相爱 / 202

Chapter 13
第十三章
幸福的婚姻

到底该不该知足？/ 206
情感用于生活 / 209
能"闲"是福 / 211
人的幸福 / 213
含笑亲吻，相拥无言 / 216

后　记 / 221

第一章 Chapter 01
好的婚姻，一定是夫妻共同成长

夫妻关系是我们生命中最重要的关系之一。

好的夫妻关系，两人会彼此成就，反之则会把对方推向生活的水深火热之中。

一段好的婚姻关系，一定是夫妻共同成长。

在现实生活中，一段安稳、幸福、长久的婚姻，和夫妻二人的"共同成长"是分不开的。

一旦缺少了"共同成长"，夫妻的感情再要好也难以维系。

唯有两个人始终处于同一个频道，才能让婚姻走得更远、更长久。

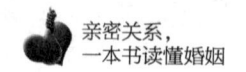

如果婚姻分为4个等级，你在哪一级

著名学者、哲学家、散文家张中行老先生在其《流年碎影》一书中，将婚姻分为四个等级：可意、可过、可忍、不可忍。

仔细想一想，如果我们现实中的婚姻果真可以这样划分，那么你处在哪一级呢？

我想，可意和不可忍应该是极少的，而最长久的婚姻基本都是"可过加一点点可忍"。

我曾有一个很要好的女同事，当时她刚结婚不久，因为一点家庭琐事跟先生闹矛盾，朋友的母亲"支招"说："男人就是要晾着，不然就要蹬鼻子上脸了。"听到这句话我笑出了声。我告诉朋友我的看法："一段美满幸福、长长久久的婚姻最重要的不是'眼里容不下沙子，你爱咋咋地'，而是'我能忍时只需忍'，慢慢你就明白了。"从那以后，朋友似有所悟，和先生恩爱有加，变得越来越甜蜜。

当然，值得一提的是，忍并不意味着一味地委曲求全、顺服，而是彼此信任和谅解，相互扶持，共同成长。

成长秘籍

婚姻里，夫妻二人的关系既是攻守同盟的战友，也是可以托付生死的伙伴。但是人无完人，婚姻中还要忍耐彼此不完美的地方，这是每对夫妻的成长必修课。

1. 彼此迁就，而不是只为自己考虑

记得当初进行婚前辅导时，一对结婚多年的夫妻跟我们分享了生活中的一段"趣事"。

有一天晚饭后丈夫主动去洗碗，过了一会儿，妻子一进厨房，气氛就变了。

"你怎么把洗洁精倒在盆里洗碗呢，这样多浪费啊？你要把洗洁精挤在擦碗布上，这样才比较合理，你那样太浪费水了。"

老公说："你既然交给我做，就不要管了，我想怎么洗就怎么洗。"

妻子一听火冒三丈："告诉你好的方法怎么还不听呢？"

"我觉得我这种方法挺好的。"丈夫也不甘示弱。

两人谁也不肯让步，就此冷战了一天。

婚姻中的矛盾，大多不都是这些鸡毛蒜皮的小事么？

而往往是这些我们看起来微不足道的小事，才是真正破坏我们幸福婚姻的导火索。

婚姻需要忍耐，但忍耐也是需要智慧的，就像跳一曲华尔兹，总要你进我退，你退我进，互相配合才能舞出一支合拍的舞蹈。

2. 婚姻中适度"装傻"，这是一种策略，更是一种境界

其实，装傻不是让我们忍气吞声，而是换一种思维方式，把生活中的小事模糊处理。

怀疑、猜忌往往和一段如履薄冰的婚姻是并存的关系。

好的婚姻一定是可以相互敞开心扉的、相互信任的，但这不意味着毫

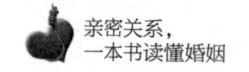

无顾忌，而是需要彼此尊重。

周国平曾经这样描述相爱的两个人：

"相爱的人给予对方的最好礼物是自由。两个自由人之间的爱，拥有必要的张力，这种爱牢固，但不板结；缠绵，但不黏滞。没有缝隙的爱太可怕了，爱情在其中失去了自由呼吸的空间，迟早要窒息。"

在婚姻关系中，学会适度"装傻"、尊重和信任，不仅会为你赢得长久的婚姻，也会让你在漫长的婚姻中收获长久的爱情。

夫妻关系好坏决定家庭幸福度

家和万事兴。

家庭中夫妻关系是否和睦直接影响着家庭的幸福度。

如果在愉悦的心境下，每个人做事似乎都得心应手，包括一些平时难以解决的问题也能灵光闪现，一一处理好。相反，在沉闷的心境下做事效果一般会大打折扣、不如预期。心情不好，工作做不好，幸福感自然会降低很多。

在一场婚姻中，不只是两个人风花雪月的浪漫。它更与财富、希望和关爱息息相关，这也是我们每一个人在婚姻中最期盼的东西，关系好的夫妻，从彼此平日的关爱中就能够做到同心协力。对他们来说，希望就好比是生活中的照明灯，而财富是共同前进的方向，彼此的关心和爱护是为婚姻保驾护航的保护伞。因此，一段幸福的婚姻，一种良性的夫妻关系，会在你不知不觉中就已经将这些因素都包含在内了。这样的婚姻必然是温暖的，在这样的环境中成长起来的孩子也是健康、乐观、向上的，这不就是

我们梦寐以求的幸福吗？

成长秘钥

婚姻里，夫妻关系的好坏直接决定了家庭的幸福程度和未来，原因主要有以下几点：

1. 好的夫妻关系能给家庭带来财富

夫妻亦是合伙人，一个家庭的财富增长和夫妻二人的努力是分不开的，为了赚取更多的财富，谋求更好的生活，总有一个人在你身边，为了共同的目标努力，想想心中都是甜的。只要是夫妻二人足够坚毅，不怕辛苦，就能够在历经磨砺和考验后有自己的一方天地，这样的日子必然会越过越好。

2. 好的夫妻关系能给生活带来希望

如果你想为自己的爱情加一个保鲜期，那么婚姻是最佳的选择，因为婚姻不是爱情的结束而是延续。有人说婚姻是坟墓，其实不然，如果你把婚姻当作坟墓一般的存在，那就证明你打心底里对它是抵触的，你自己都不接受、不认可这段关系，又怎能够奢求从婚姻中得到幸福呢？

好的婚姻，绝对是你努力生活的助力，有个人永远在你身边扶持你、帮助你，让你在这个世界上不会感到孤独无依，这是夫妻二人结合在一起最初的意义。在现实生活中，我们经常会见到那些新婚的小夫妻，他们在偌大的城市中刚结婚的时候房子都是租的，但是夫妻二人在一起打拼的过程中不仅收获了彼此的温暖和最好的爱情，而且有了属于自己的一个小家庭。这样的婚姻生活虽然艰苦却从不缺乏希望。

3. 好的夫妻关系能让孩子感觉到爱和温暖

父母关系好不好透过孩子就能获得最直观的感受。如果家庭温暖、父母恩爱，孩子也会变得乐观开朗，喜欢帮助别人，带给别人爱意和关怀。

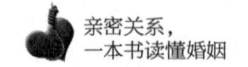

> 因此，夫妻关系的好坏，在今后孩子们所组建的家庭中体现的是淋漓尽致，而维系好夫妻关系不仅仅是为了自己，更是为了孩子今后的成长。你若不愿意给孩子留下阴影，那就要负起为人父母的责任。

和睦的夫妻关系是孩子成长最好的温床

2019年热播的电视剧《小欢喜》中有三对夫妻，从他们的相处之道中我们可以看出夫妻关系对孩子成长有多大的影响。

一段好的婚姻里，夫妻或许不再有年轻时那么多的激情与浪漫，只是平淡无奇、波澜不惊地过着日子，但是当一方出现危难，对方就能牺牲自己，给予对方无条件地支持、理解，不离不弃，同甘共苦。

比如，《小欢喜》中季胜利和刘静这对夫妻，两个人属于比较传统的夫妻相处模式——男主外，女主内，丈夫事业有成，为家庭提供了最好的经济条件，妻子温柔贤淑，默默为家庭付出。但是，由于父亲长期缺席孩子的成长，当孩子进入叛逆期后，父子关系变得越来越差，而妈妈在其中充当"和事佬"。妈妈看起来又累又委屈。可是在妈妈被诊断患癌时，看着爸爸狂奔去医院的背影，以及后来为了照顾妻子，他果断放下了自己最看重的事业，申请退居二线，这一刻，相信所有人都明白了，这对夫妻的感情已经融进了生活的柴米油盐中，彼此总是能默默地、坚定地站在对方的背后。

而他们的孩子季杨杨在家里出事后，孩子便迅速感受到了来自父母的家的温暖，也就此更加明白了家的意义，自己的学习成绩一路逆袭考上了理想学校，还主动剃头陪着妈妈。孩子到了考学的年纪，成绩固然重要，但是成绩源于学校的教育和自己的努力，而孩子人格成长则来自父母给予的陪伴，所以父母以身作则的榜样影响更重要。

再如剧中的方圆和董文洁，这对夫妻一个开朗温和，一个强势霸气，却又恰到好处地彼此互补，给孩子提供了最有利的成长环境。所以他们的孩子才会勇敢地朝着自己的梦想前进。

而另一对夫妻离异的家庭中，由于丈夫出轨，妈妈长期缺乏安全感，因此对孩子有着极强的控制欲，因为孩子成了她唯一的希望和寄托，当妈的总是不放心，随时监视着孩子的一举一动，甚至将孩子逼到了崩溃的边缘。

以上三个家庭各有特点，可以肯定的是，或吵吵闹闹，或相敬如宾，无论哪一种方式，夫妻关系都会对孩子产生潜移默化的影响。

成长秘钥

夫妻关系的好坏直接影响到孩子的一生，不管好的还是坏的，孩子都会受到影响，不同的家庭环境会成长出不同的孩子。如果夫妻关系不和谐，将会对孩子产生负面的影响，比如：

1. 孩子缺乏安全感

夫妻关系不和睦、经常吵架，对孩子而言堪比"天塌下来了"，孩子内心的安全感会受到很大冲击。

一个有爱的家庭，会让孩子知道，无论在外面遇到了什么样的事情，家永远是避风的港湾。

2. 孩子人格不健全

夫妻关系和睦的家庭里，孩子性格多乐观、自信、诚实，遇到困难，会用积极的思考方式去应对。相反的家庭，孩子往往会很内向，甚至压抑、自卑，或形成对立、仇恨的负面情绪，在行为上也可能存在暴

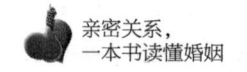

力倾向。

3. 孩子任性、自私

夫妻关系不和睦,两个人常常只能靠孩子来交流或维系婚姻关系,也就是人们常说的"以孩子为中心"的家庭。而在父母关系的作用下,孩子被过多关注或干涉,性格也会变得自私和任性。

4. 孩子缺少修养

夫妻关系和睦,相互尊重,孩子也会彬彬有礼、富有爱心,更乐于表现自己,待人处事更加有修养、大方得体。相反,夫妻二人总是深陷家庭矛盾中,孩子就会本能地模仿父母,耳濡目染的孩子可能会变得脾气暴躁,像父母一样大吼大叫,失去理性和自控力。

5. 孩子敏感、做事执拗、爱找借口

遇事总是喜欢相互指责的夫妻,这样的家庭环境会严重影响孩子的处事方式。尤其是当夫妻双方争论不休时,更容易对着孩子说另一方的不是。而对孩子造成的影响是:这两个人这么差劲,那以后对爸妈也不用尊重。孩子学着父母的样子攻击别人,最后带来的毫无益处,只是伤害。

好婚姻就是在问题中学会成长

有时候有问题未必是一件坏事。

说这句话肯定会遭到很多人的反对批驳,他们会说:"你可真是站着说话不腰疼,问题难不成还是好事?"

有句话叫:"痛则思变。"

痛苦有时是上天派来提醒我们的信使——到了必须改变的时候了。

第一章 / 好的婚姻，一定是夫妻共同成长

何况，现实中的婚姻并不总是快乐和幸福，也会让人痛苦。从你迈入感情的第一步开始，快乐就是以泪水为调味剂的。婚姻之路亦会在爱与恨的夹击下步履维艰。别忘了，除了"痛苦"，还有个词叫"危机"。什么是"危机"？也就是"危险+机会"。婚姻里的危机带给我们的不仅是痛，还有改变的契机。

所以，有时痛苦，能够让我们更好地看清自己，并找到自己的问题所在，做出适当的调整。

我在从事心理咨询工作期间，遇到过很多来访者都问过我同一个问题："我能不能回到以前，找回过去的自己？"

我只是笑笑："没有人能回到过去，但我们可以通过现在的痛苦更好地看清自己，更好地成长，在未来遇见更好的自己。"

我们每个人其实都有两次生命。一次是从妈妈的肚子里出来，获得新生。从此我们与父母建立最亲密的关系，开始寻找自我、探索人生；另一次便是恋爱和婚姻，与最亲密的伴侣建立夫妻关系。在这个关系里，我们往往会重复童年时期父母与我们的关系模式。只是，要么是延续童年的美好，要么是弥补童年的痛苦。没有完美的父母，也没有完美的爱人。一段好的婚姻就是在痛苦时保持初心、懂得感恩，在问题中不断成长。

成长秘钥

婚姻中不只有幸福，痛苦的一面有时可以让我们更好地察觉自己的行为，接纳自己和另一半，慢慢成为一个成熟的爱人。痛苦督促我们成长，提醒我们改变。

1. 重新审视你自己、对方和婚姻

婚姻里的痛苦虽然能促使我们成长，但是一个人若长期处于痛苦状态，任凭问题滋长，换来的恐怕只会是更加猛烈的暴风式争吵，以及长期

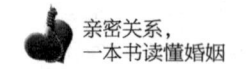

的不信任,直到耗尽彼此最后一丝感情,要么为了孩子强留婚姻的形式,要么走向离婚登记处。

所以,痛苦的状态不是目的,而是双方能够共同努力,相互扶持尽早从痛苦的困境中走出来。这个过程需要你重新审视自己、对方和婚姻,扫去婚姻的灰尘。所以,有时痛苦是一块试金石,它让你更加明白真实的内心需求,珍惜眼前拥有的一切。

2. 好的婚姻,是一次又一次地爱上对方

婚姻是一场修行,痛苦只是其中的一隅。而身处其中,有的人彻悟,有的人愚钝,也有的人参透。我们始终要明白,夫妻两人之所以结合在一起,不只是出于任何一种需要,更是出于幸福的喜悦、未来的期待。我们应该用一个全新的视角看待婚姻,在夫妻共同成长的过程中,也不断修炼自己,例如提升认知力、沟通力,化解矛盾、避免伤害,打造一段双赢的婚姻。

好的婚姻绝不是没有任何问题,而是出现问题之后,夫妻俩还能够团结一心,在问题中成长,在成长的过程中学会爱,一次又一次地重新爱上对方,最终修炼成更好的自己,一个完整、独立、更有力量的人!

第二章 Chapter 02

夫妻的经济账

爱情再美好，在现实面前也可能不那么可靠。

经济学家认为，任何人类的活动都是被利益驱动的，这其中当然也包括婚姻。

恋爱是风花雪月的浪漫，

很多好姑娘还信奉着『有情饮水饱』之类的话。

但婚姻不同。

婚姻里的柴米油盐、衣食住行都需要有金钱作为基础。

古人说，贫贱夫妻百事哀，婚姻里的冲突，大部分的导火索都是钱。

婚后，夫妻共同成长第一课就是要先算好夫妻之间的经济账。婚前不想、婚后不算，等到遇到争执再去算时，恐怕已经很难算得清楚了。

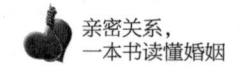

房费AA制的夫妻

当下,许多年轻夫妻都喜欢推崇"经济AA制",男人认为"AA制多好,相互平等,相互尊重",女人认为"我有能力赚钱,婚后一样可以经济独立"。殊不知,不科学的"经济AA制"不仅维系不了婚姻,反而会伤感情。

比如来自苏州的新婚小夫妻F和A,二人本是公司的同事,慢慢产生感情走到一起。因为双方都十分认可AA制的生活方式,一拍即合,很快结婚了。婚前夫妻俩买房、买车、婚礼酒席都是AA制。婚后一起出去吃饭也是AA制。有时丈夫先结账,妻子随后发个红包过去,算得清清楚楚。因为是双方协商过的生活方式,所以双方也都乐于接受,随后一直相安无事。随着时间的推移,婚后生活开始显得平淡。

在最近的一次旅行之后,小夫妻之间的这种"经济AA制"彻底崩塌了。

有一天二人闲聊,丈夫A突然要求旅行的房费AA制,F觉得在婚前的协商中并没有提及这部分费用,现在突然要求AA制表示无法接受。A问:"不是说好了吗?之前AA也没见你反对过。你现在是想反悔吗?"F无言以对。房子是一个家庭最基本的保障,如果男人连房子都不能供养,女人还有什么安全感可言?再说,虽然约定是"死"的,可是夫妻二人生活的基础毕竟靠的还是感情,至于金钱上的AA制"执行力"有必要这么强吗?

F带着一肚子怨，突然觉得夫妻竟然像两个一起工作出差分摊房费的同事。因为心中不快，也不想丈夫触碰自己的身体。这次旅行他们彼此都感到不愉快。

旅行结束后，A说要将自己带回来的礼物送给同事。一天F无意中发现丈夫A给另外一位女同事带了一瓶香水。他在旅行中什么时候买的，自己完全不知情。只见女同事拿出钱递给A，但他竟然推辞了，那推辞的动作看起来是真心实意不想接受。此刻眼前的男人跟要和自己AA房费的那个丈夫完全不是一个人。F远远看去，那位女同事显得十分不好意思，推让了好几次。F的第一反应不是丈夫是不是出轨了，而是我是不是也为这瓶香水AA了？那个女人给他香水的钱为什么不拿着？太不公平了！

可想而知，A到家以后，F是如何大闹了一场。F一直追问："为什么你不接受她给你的钱？为什么？你不是最喜欢AA的吗？最喜欢把钱算得清清楚楚的吗？"

在F的咆哮下，他终于开口了："我跟你AA是因为你什么都需要AA。我也习惯了跟你AA。其实我觉得礼尚往来挺好的，那位女同事在工作上帮了我，我想感谢她，仅此而已。如果我的感谢都还要收钱的话，我是不是也太恶心了？旅行的时候买礼物不想和你说，就是担心你想太多。"

"你喜欢礼尚往来，还是只喜欢跟她礼尚往来？"F嫉妒极了，自己作为妻子竟然没有享受过丈夫这么"懂礼数"的一面。

"我们没有什么，如果有什么她怎么会给我钱呢？"A无奈地摆摆手。"我只是厌倦了我们之间什么都算得清清楚楚而已。"

"既然这样，为什么去旅行的时候你还要跟我AA房费？"

"因为，我想逼你放弃AA的规矩。如果是我提出来，你保准又是一通说教。你总喜欢说教，而我不想听。能不能不讲大道理，夫妻之间讲感情不好吗？"

"我……"妻子语塞，沉默了许久："我其实也不喜欢处处AA，我感觉是我太不灵活了。什么都照章办事，把婚姻过得跟公司一样。我们以后

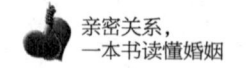

需要花钱就互相商量吧。"

丈夫和妻子和解了,他们的模式后来也有了一些变化,在旅行的时候再也没吵过架。

成长秘钥

随着经济的发展和人们生活水平的提高,从经济角度,我们往往能看出一对夫妻关系的疏密程度。不妨想一想,在面对婚姻中夫妻二人的经济账时,你属于什么类型?

1. "防盗"型

如果你把另一半当贼一样防着,这样的夫妻关系势必不会好到哪里去。假设你和对方在一起购物时,当你在付款输入支付密码时都要躲躲藏藏,害怕被另一半偷窥,这种"不放心"的本质是不信任。没有足够的信任,夫妻关系自然难以维系。

2. "抠门"型

夫妻二人都把钱袋子捂得紧紧的,不舍得更不愿为对方花钱。但为自己花钱时就大手大脚,花在对方身上的钱则分文没有。持有这类经济观念的夫妻,他们的关系也是相当地疏远。

3. "闪躲"型

一个家庭需要两个人共同支撑。"闪躲"型的夫妻通常只要对方掏腰包,自己则能躲就躲过去,这种"闪躲"实为自私的一种表现,事事计较,夫妻关系势必因此遇冷。

4. "隔离"型

对方拒绝在某个第三方支付平台添加你的账号,就连能够证明彼此的亲情关系时都拒绝添加,这种夫妻估计也没有什么情感可言。

可见,有一个正确的经济观念对夫妻关系起着决定性的作用。夫妻关

> 系也会因为彼此的公开透明而变得更加紧密牢固。不管生活中是否AA制，夫妻二人只有先做到无私，遇事时才会相对公平，AA制和礼尚往来都不能极端，免得失了财富，伤了感情。

不善理财的另一半

许多年轻的夫妻在婚后都不太善于理财，挣到手的钱总是"月月光"，到家里有事需要应急时只能一穷二白，这直接为今后的婚姻生活埋下了隐患。爱情之花始终还是需要财富之水来浇灌。

有一天，我收到一封邮件，发邮人是一名叫K的男性，结婚5年，孩子4岁。他向我诉说了他在夫妻理财时遇到的困境。

K说："妻子很享受将我的工资全部霸占的感觉，似乎这样才能让她有安全感。本着家和万事兴的原则，加上妻子以前是从事金融工作的，我便将工资全部交给她打理。由她买一些理财产品，也好增加家里收入。问题爆发在孩子上小学之前。我希望将孩子送去私立学校，但学费比较昂贵，所以我问妻子我们理财产品里面现在有多少钱。看到妻子支支吾吾的，我慌了。"

在K的强烈要求下妻子才说了实情，她没有买理财产品，而是将钱全部放进股市。最初赚了一些钱，但是因为贪心选错股又全赔进去了。

听完以后，K感觉自己一直蒙在鼓里、被妻子欺骗了，和妻子大吵了一架。

K在阳台上待了一晚上吹着冷风让自己冷静下来。那个时候正是严冬，妻子悄悄推开阳台的门，扔了一床被子进来。完全不敢跟K说话，就小声嘀咕了一句："对不起。我知道错了。"

K明白妻子的本意是好的，希望从股市里面多赚一些钱，可以减轻家

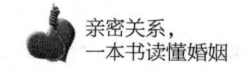

里压力，但是越是有这种念头越容易掉进金钱的陷阱，这都是他当年的教训。只不过妻子没有他的这份教训，重新买了一次他当年的教训而已。抛开钱不说，K认为他们夫妻俩的感情很好，只是都不善于理财。K自知以前坑了前女友，而妻子现在坑了他，真是风水轮流转啊。

思量过后，K走进卧室，看见妻子可怜巴巴地坐在床边似乎一夜没睡，像是一个等待宽恕的罪人。K过去对她笑着说："咱们以后的钱还是去银行定存吧，答应我，咱们真不适合炒股。"妻子点头，抱着K哭了。此刻K想她自从亏了之后，要一个人一直隐瞒这件事，一定也很不好受吧。

"那孩子读不了私立学校了？"妻子抽泣着问。

"是金子在哪都会发光的，我们的孩子在哪都会很优秀的，你说呢？"K说。

妻子不停地点头，又哭了。

婚姻中如果钱财没有理好，需要的是来自另一半的理解，而这也体现了夫妻之间的默契和信任。

我很欣慰，K的处理方法非常有智慧。钱，夫妻一起共同努力还可以再赚，但是因为钱而丢掉婚姻，就太不值了。在买到了教训之后，这对夫妻对投资更谨慎了，对于一段婚姻关系的维系来说也是一件好事。

成长秘钥

婚姻会加深人对金钱的认识，有的夫妻善于理财，有的夫妻不善于理财。不论擅长与否，都需要培养风险意识。投资的钱一定要是家中暂时不用的闲钱，而不是动用家庭经济根本的储蓄。学会理财，彼此在夫妻共同财产的处理上达到一种默契，用自己的能力换来幸福生活的同时，才能守住夫妻二人共同的财富。

要学会理财，以下是几点建议：

1. 确立原则性问题

婚姻大事不只是感情上的，更是生活上的。婚后的很多实际问题都要考虑，例如，谁管钱？家庭理财重在开源还是节流？生不生孩子？如果有房贷、车贷问题谁去解决？诸如此类都是关乎婚姻幸福指数的重大问题。

2. 确定理财方式

婚后面临的另一个实际问题就是短时间内是否要孩子。要与不要在理财方式的确立上有很大不同。例如，如果打算短期内要孩子，那么在理财计划上就要以稳健为主。

3. 制定财务规划

制定财务规划的原则是：夫妻二人的理财观念要慢慢磨合，避免冲动消费，双方财务透明，及时规划未来。最重要的是建立家庭账本。

如何建立家庭账本？举个简单的例子：

通常房屋贷款的每月还贷金额，银行要求不能超过家庭月收入的50%，所以建议一般控制在30%以内，否则可能会降低生活品质。

没有孩子的家庭，可以将饮食的花费控制在10%，置装费控制在10%，交通费控制在5%，娱乐支出控制在10%，杂项支出控制在10%。

这样一个家庭的总支出为收入的75%，每个月就可以留存25%用于其他投资。

经济共享的夫妻生活是什么样的？

夫妻之间，到底应不应该经济共享呢？

答案是肯定的！

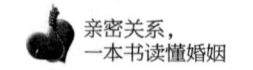

但是这并非意味着把钱交给对方之后，自己就完全撒手不管了。

大部分男性心思没有女性细致，做事也比较粗心。在我的朋友圈中，大部分友人家庭的财务大权都会交给女方，而男方通常也就不会过分地去干涉了。但是，如果女方是一个有计划又自律的人，那就还好；如果不巧女方是个爱购物又管不住自己的人，那么恐怕你的存款分分钟就变成了她手里的包包。

那么，夫妻之间好的经济共享模式应该是什么样的呢？

这让我想起我的外婆和外公，老两口是自由恋爱结婚，在当时的年代十分难得。外公去世以后，我经常求外婆将她的爱情故事讲给我听。

外婆的父母在当时可谓是一对开明的父母，外公当时去外婆家找外婆玩，从来没有遭到反对。外公和外婆日久生情，家人也都默许了。

外公很喜欢拍照，经常会帮外婆拍照，然后在暗房里面洗出来，再贴到自己做的相册里面去。家里二十来本相册，都是外公帮外婆拍的照片，从小时候到老去，外公记录了外婆的一生，他一直是外婆的仰慕者，一生都是。

我问过外婆是谁追求的谁，外婆说："没有谁追谁，我们彼此喜欢，就想在一起。"我很羡慕外婆和外公的爱情，好像一切都是自然而然的事情，不需要刻意雕琢。两个具有灵性的人、精神饱满的人不被世俗牵绊，活得十分洒脱尽情。

我问外婆他们谁管钱，外婆说："我俩谁要用谁拿去，我们谁也不管，就放在那里，对彼此都放心。"外婆和外公都是大学教授，都特别有智慧，外婆说，在和两边家人相处的日子里："我们都喜欢为对方的家里人买些小礼物，我送送他的家人，他送送我的家人。发工资了先惦记对方的家人有没有缺米少粮，如果我们手上宽裕，一定要给对方家里送些肉去。"外婆一生爱吃肉，这种好东西一定要和外公家里人分享。

外婆和外公的经济就是共享的模式，对他们而言，情感是第一位，物质也重要，但得排在后头。所以经济的事，一生都没有困扰过这对夫妻，钱对他们而言只不过是锦上添花。

我和丈夫学习了外婆和外公的经济模式，经济共享。我们有个共同账户，储蓄一部分，剩下的钱谁需要就和对方打声招呼，说一下用途就去用。这样一来，彼此都有了经济空间，也感谢对方的信任，相处起来确实挺轻松的。

成长秘钥

网易研究局曾发布的一组数据报告显示，大部分的中国式夫妻关系，经济功能甚于精神伴侣。既然经济功能是第一位，夫妻婚后首先就要确定经济要不要共享，健康的共享型经济应该是什么样的？

1. 共享型经济的先决条件

共享型经济有利于夫妻关系的维系，但完全共享需要一定的先决条件，除了要有深厚的情感作为基础，夫妻双方还要能力水平旗鼓相当。像下面这些情况，夫妻间经济共享就难达成。一方没有收入，另一方自然在经济上可以有发言权；双方没有感情基础的夫妻，对彼此的经济自然是敏感的，更别说因为利益结合的夫妻，更加将重心全部放在金钱上；双方有收入，决定是AA制还是共享需要看两个人的观念是否达到一致。希望有越来越多的夫妻可以像我的外婆和外公一样，因为爱情而结合，因为智慧而幸福地过好这一生。

2. 共享型经济的对立面：相互制约

夫妻之间经济共享的同时，也要相互制约。未来的婚姻生活需要两个人一起计划，这本就是一对夫妻应该做的事情。与此同时，不管你多么爱她，都别让物质俗化了你们之间可贵的爱情。

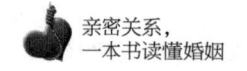

节俭不是抠门

从古至今,"节俭持家"都是老辈口中的传统美德。节约的确是件好事,做得好的家庭,一年可以存下不少钱。但是,当"节约"过度而成了"抠门",恐怕就会影响到生活质量甚至是夫妻二人的感情了。

今天我们就来认识一对小夫妻,因为另一半的"节约"频频引发冲突。试问,当另一半节省过了头,你要如何应对?

我的一位女性友人Z,27岁,结婚3年。

有次我们聚会聊到男人抠门这件事,Z说:"我大学刚毕业就认识了现在的老公,起初我十分欣赏他。因为他虽然家庭富有,但他上进、孝顺、努力、执着、细腻,这些品质都深深地打动着我。我们迅速坠入爱河,和他在一起的日子,充满了爱的感觉。他会经常买一些小惊喜给我,虽然都是很便宜很朴素的东西,有些在我看来真的很土的款式,一点都不符合我的审美,但是我依然感到满足和高兴。"

"直到我深刻了解到他不是节俭而是抠门时,我才开始有些后悔。一次,我们几人去美国自驾旅行,那个时候我们已经交往了半年,一路上吃饭时他都希望我能买单,我觉得这也没关系,毕竟一路上我也没出油费,请几顿饭也是能接受的。但是接下来发生的这几件事,让我真的十分不高兴。在一家日料餐厅,他只点了自己的那份饭,不给我点,并说:'你不是减肥吗?'我当时气到差点'昏厥'"。说着,Z叹了口气。

Z捶胸顿足地想自己怎么会爱上这么一个人。但是Z并没有提出分手,因为人在他乡,说分手影响所有人的旅行,Z忍了下来。

回国以后,Z将自己的真实感受对另一半和盘托出。在对方百般劝阻,找尽各种理由之后,Z原谅了对方。用Z的话说就是"我现在回想起来,我当时可能只是心存侥幸，觉得结婚之后我能支配家里的财产，也不在乎他是否对我抠门了，但是我想得太天真了。婚后，他严格控制我花每一分钱，因为我是全职主妇，他基本上只分给我带孩子的钱，其他钱一律和我没关系。我感觉我只是一个拿着微薄薪水的带孩子的保姆。很久以前我听过一句话：一个男人再有钱，但是舍不得为你花钱，等于没有。我内心十分煎熬，空留了一个嫁入豪门的名声，其实内心的苦只有自己知道。"

更无奈的是，婚后老公经常会拿乔布斯、扎克伯格的"极简主义"来跟Z说事。似乎是试图说服Z接受他抠门的事实。但是Z已经无法再忍受对方，最终宣布离婚并说道："亲爱的，你的偶像他们是极简主义，是节俭，但不是对老婆抠门！你是否对节俭有什么误会？当抠门是美德吗？不好意思，节俭才是，而你这种不是！"

成长秘钥

亚里士多德在《伦理学》中分析过节俭和吝啬的关系，我十分认同。节俭是善意的，是美的；吝啬，也就是抠门，是恶的，是丑的。Z的丈夫有意把自己的价值观强加给妻子，有些欺负人的感觉了。抠门是你的自由，但是妻子有权拒绝。

节俭是不浪费，不铺张，是美德。而抠门是过分看重金钱而失了情谊，就好像以前人们所说的"铁公鸡"的意思。一毛不拔，拔起来痛得要命。

婚姻生活里，节俭的正确方式应该是这样的：

1. 关于"吃"

如果你记账，会发现经常在外吃饭也是一笔不小的开支。因此，居家度日，节俭可以从自己买菜烧饭开始，省下一大笔开销，更重要的是选了一种更为健康的饮食模式。到了节假日，夫妻二人可以买好菜去父母家里

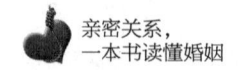

做（当然也可以带老人出去吃饭），这样既免去了父母的辛劳，也可以适当调节饮食口味。

2. 关于"穿"

我们要买自己需要的服装，不要因便宜而购买，要为了需要而购买。购买服装还要看重品质，少购入潮流款，可以多考虑基础款和经典款，自己巧搭配，也能少花钱多办事。

3. 关于"娱乐"

人是社会动物，不可能完全脱离人际关系而独立生活，但我们可以尽可能地减少社交，适时而为。适当社交，可以为生活添彩，适度娱乐是生活的调味剂，也是积累人脉的必要过程。

节俭是一种美德，合适的就是最好的。节俭可以，但千万不要为了节俭而失去了珍贵的感情，节俭不等于抠门，合理安排才是真正的省钱之道！

好夫妻的经济账

好婚姻除了花前月下，还需要夫妻共同打理好家庭的日常生活。

前不久，我去一个家庭拜访。这对夫妻结婚8年，育有两个女孩。他们并不富有，但是过得十分幸福。

他们的家并不大，有了第二个孩子之后，他们将两居室改成三居室，为的是孩子长大之后有自己独立的空间。我了解到他们刚结婚的时候是租房。因为北京的房价很高，他们不愿意将所有的钱都拿去买房，弄得生活很拮据。有了孩子之后，为了孩子上学有个稳定的环境才买房。但是这个房子并不是他们一辈子要居住的地方。他们把买房子的钱分成两份，一份买现在住的房子，另一份在郊区买个不大的别墅，再将剩下的钱用来旅行和学习、健身。

环境优美的那个郊区别墅是为了偶尔去度假和将来养老，别墅前面有条小河，后面有自己的院子，买的时候花了40万左右，然后装修花了20万，是中式风，以木艺为主。我看了他们分享给我的图片，觉得十分有格调，看得出来他们是懂得享受生活之美的人。

二居室贷款每月要还5000元左右，他们每月会将房贷和孩子的开支先拿出来，剩下的用于储蓄和提升生活品质，安排得非常妥当。我问过他们对于孩子教育怎么看，他们说许多同事省吃俭用将房子买在市区，住着更小的房子，扛着巨大的压力，所以对孩子要求十分苛刻，嘴上说一切都是为了孩子，弄得孩子也很紧张。而他们不愿意让自己的孩子一直处在高压之下。

关于孩子上培训班的问题，由于许多机构培训费很贵，他们在生孩子之前就自学了几样乐器，用来启蒙孩子。孩子喜欢哪一样再送去重点学习。不喜欢的兴趣，也不愿意强行花冤枉钱去报兴趣班。他们的育儿理念主要是本着尊重孩子的兴趣爱好，不强加给孩子不愿意做的事情。

他们夫妻俩觉得孩子开心、健康最重要。至于是不是取得非常好的成绩，他们并不在意。他们家庭十分融洽，孩子非常活泼可爱，我想正是和这样优秀的教育理念有关系。

关于投资，夫妻俩会将储蓄的一部分拿出来买银行的理财产品，高风险的收益他们基本上不会去触碰。他们不太相信高收益低风险的事情，认为家庭投资应该安全为主，不去贪利忘本。有这样清晰的投资观，和夫妻俩知足的本性有关系。

这对夫妻遵循了一个非常简单的金钱观：该花的花，该省的省，该存的存，该投资的投资。他们之所以幸福，是源于他们顺其自然的心境再加上用心经营的态度。他们对金钱并不执着，相较之下，更看重家人之间互

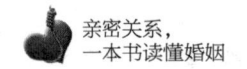

相流动的情感。正因为他们不执着于金钱，所以更能保持轻松愉快的心态去赚取金钱。

成长秘钥

每个人对于物质的要求是不一样的。所以我们无法定义到底有多少钱才能保证婚姻幸福。相信只要你们真心相爱，在靠双手创造未来的同时，算好夫妻之间这笔经济账，那么金钱就不会成为你们婚姻的问题。

那么，怎样做才能算好夫妻这笔经济账呢？

1. 财务透明

婚后生活是夫妻两个人过日子，在财务方面不能像单身时那样随心所欲，无论支出或预算，一定要夫妻二人一同制订计划。尤其在购买大件物品、有急事和大事需要用钱时，双方要保持财务透明，共同协商决定。家里最好有一个账本，专门用于记录家庭开支明细。

2. 信任为基础

既然是共同建立起家庭，彼此"信任"是基础。涉及金钱的事，难免让人猜疑。但居家过日子凡事都离不开花钱，如果不信任彼此，怎么过日子呢？相反，在信任的基础上，只要双方及时将用途交代清楚，凡事好好沟通，就不容易产生冲突。花钱时大家也都坦然，不必躲藏。

3. 拿捏分寸，守住底线

会赚钱和会持家是两回事。有的家庭可以把账本管理得不错，但有些夫妻都很会赚钱就是存不下钱。其实，究竟能存多少钱，不在于你的收入有多高，而是看你能否守住消费的底线。

不管怎样，家庭经济账需要夫妻双方合理规划，共同经营。

第三章 Chapter 03
婚姻中的"意料之外"

恋爱期总是浪漫甜蜜的,婚后则更多的是柴米油盐。一对夫妻结婚后长时间生活在一起,难免会出现很多『意料之外』的状况。如何处理、怎样面对是个问题。有些人过于激进,有些人总是逃避,其实夫妻生活在一起,出现『意料之外』的事情并不可怕,关键是一定要两人一起寻求一个完美的解决方案,才不至于触礁。

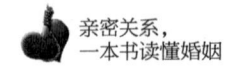

旅行中的意外

结婚后，要避免生活中的柴米油盐慢慢耗尽夫妻间恋爱时的甜蜜浪漫。为了给平淡的日子加点"料"，旅行是许多夫妻首选的增进感情方式。即便旅行中发生点"小意外"，我们也可以当作生活中的"佐料"。

不妨看看下面这对小夫妻在旅行路上发生了什么"意外"吧。

K，男，结婚10年，孩子7岁。

他这样讲述这段故事——

说到旅行，我十分擅长，出门前会把攻略制定好，确保万无一失。而我的妻子喜欢轻装上阵，在当地消费。我觉得当地人生地不熟，哪能每次都恰好买到需要的。所以，我还是把箱子都塞满日常用品。每次旅行我都可以在路上得意很久，一趟顺利的旅行全部归功于我，这似乎让妻子感到十分不爽。

但在阿根廷旅游时发生了一次意外。在阿根廷南部，离开酒店的时候，我清点了充电器、笔记本、水杯、行李箱……好的，一切都在。原本以为这次和以往的旅行一样，一切尽在掌握。没想到在用完午餐之后，发现钱包不见踪影。而我看看妻子，脸不红心不跳地坐在对面看着我。她幽幽地对我说："只要孩子没丢，都好说。你去找吧，我们留在这里当人质。"

我猛然觉得，这个女人太淡定了。记得头几年旅行的时候，我掉了一顶帽子她都能大呼小叫半天，而此刻，在一家不能手机支付的阿根廷餐厅，她竟然有些幸灾乐祸地看着我，简直不可思议。

"既然我们需要在这里等着你，那我们再点一些好吃的吧，干坐着也是无聊，你觉得呢？"我怎么感觉，这次我丢了钱包，会成为她以后攻击我完美旅行的把柄，心中"不寒而栗"。

我第一时间回到酒店，发现前台没有，尽管我拼命回忆，也记不起来钱包丢在哪里了。我回到餐厅，发现妻子和孩子已经结完账了。原来她找餐厅里的中国游客用手机转账的方式换来了一些现金。我忍住没说："老婆，你真棒。"毕竟每次被捧的人都是我。

我们俩带着娃，拖着箱子在路上晃悠，回忆着钱包可能落下的地方，感觉哪个地方都可能，也都不可能。我们只好一个一个地方地去寻找。先去了景区失物招领处，再去了几家餐厅，也都没有收获。我们最后抱着试试的心态，去了晚上吃阿根廷红虾的餐厅，钱包果然在那里。经理逗趣地说等了很久，也没人回来寻找，还以为是不要这个钱包了，还问我们是不是不喜欢这个钱包的款式，所以才不要。

坦白说，虽然妻子在出事的时候有些幸灾乐祸，但是她面对突发情况的冷静，倒是值得我学习。当然我还是觉得她太坏了，一点也不同情火急火燎的我。果然被我猜中，现在只要出去旅行，她就会拿我在阿根廷丢了钱包的事情说事，看来，我"完美旅行王"的称号已经失去了。

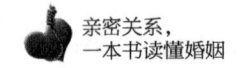

> **成长秘籍**
>
> 在网上搜索"家庭""旅行"等关键词,你会发现在旅行中因为发生各种意外而争吵的夫妻不在少数。甚至很多人表示,两个人适不适合在一起,先顺利来一场旅行再说。旅行,本是夫妻二人放松身心的享受,若对"意外"处理不当也只会给旅行留下遗憾。既然着急上火对解决问题并没有帮助,我们不妨冷静一点。
>
> 完美处理好旅行中的小意外,让旅行中的小意外成为"惊喜",日后回忆起来也是趣味。

食物中毒是谁的错?

我们常用"风花雪月""花前月下"等词语形容爱情的美好,但是在婚姻生活中,不是只有甜蜜,还有困难、挫折。因此,在婚姻中我们更需要的是相濡以沫、不离不弃。生活中的甜蜜需要夫妻两人一起品尝才更甜美,生活中的困难同样需要两个人一起承担才更能显示出爱情的珍贵。遇事时多思考自己有什么地方做得不对、不好,而不是先去想是不是对方的错,一味地责备另一半。毕竟,婚姻,需要两个人共同努力才能越过越幸福。

下面看看我的朋友A的故事,她是杂志社主编。结婚之后,她没有放弃工作,甚至在怀孕期间,也能忍受孕吐,坚持工作。孩子出生以后,她会在孩子睡觉的空隙去工作。总之,因为她的坚持,结婚前她是一名普通编辑,生完孩子之后,她已经是主编了。可想而知,结婚并没有拖她事业的后腿,反而推进了她事业的发展。

在家里,她是一位精明果断的妻子和母亲,从不无病呻吟。大到决策公司大项目，小到换家里破裂的水管，她基本上不用向外求助，也不会为遇到麻烦而唉声叹气。换言之，她有女人的外表，却有着比男人还坚强的内心。同时，她也是好妻子，每天早起为丈夫做爱心早餐，表达她的爱。丈夫下班晚回家她也会迎接，为丈夫拿包。

若不是发生食物中毒的事件，她差点以为她是完美的女人，事业家庭两不误。

那天，她急着去公司开会，出门之前像往常一样，检查了一下冰箱。通常情况下她会把放得太久、不新鲜的食材带到楼下扔掉。碰巧那天，冰箱里是一只变质的烤鸭，它的包装袋很油。她不想冒着将衣服弄油的风险，也不想将手弄得一股烤鸭味。左右权衡，她打算晚上回到家再处理掉它。就让它在冰箱再待一天吧，她想着，拍拍手，耸耸肩，去上班了。

事后她在想，如果那天她不用急着开会，也不担心烤鸭把衣服弄油，更不担心手上的味道，烤鸭被她扔入垃圾桶，晚起的老公就不会看到烤鸭，也不会把它放在厨房桌上准备加热，孩子也就不会看到冰冷、变质的烤鸭上手就吃。如果从卧室出来的丈夫看到孩子已经吃了，想着应该加热，而不是跟着孩子吃起来，也不会最后父子俩一起食物中毒。

在急诊室门外的她，回忆起这些，心乱如麻。做了一辈子家庭主妇、贤妻良母的婆婆，知道儿子和孙子因为她没有及时处理食材而导致她的宝贝们食物中毒，气得直跺脚。那个时候她不知道丈夫和孩子会不会脱离危险，只是一个劲哭，婆婆顺理成章地给她扣了一个"畏罪而哭"的帽子。

在丈夫和孩子脱离危险之后，孩子在一旁睡着了，虚弱的丈夫看着红着眼的她，握着她的手，对婆婆说："她工作辛苦，每天忙得够呛，您叫别责怪她，是我没脑子，也没察觉出来烤鸭坏了。也懒啊，不想加热，这得怪我。"

"女人工不工作都无所谓的，主要是把丈夫孩子照顾好。这是她的职责。"婆婆翻着白眼，把头拧过另一边。

"您这么说就不对了，她和我一起分担经济压力，不好吗？那是不

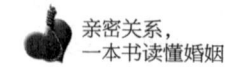

是她整天在家不上班，我累得跟狗似的，您又该嫌她好吃懒做不愿意上班了？"老公，拖着虚弱的身体为她辩护。婆婆听完老公的反击，倒是不吭声了。

在医院的时候，她并没有跟婆婆起争执，她知道婆婆是关心则乱，她能理解。而老公替她辩护，她内心还是挺暖的。

成长秘钥

家庭和事业都能处理得好是很不容易的，夫妻之间只有互相体贴、互相理解、共同奋斗，才能幸福。与其总是在纠结某件事究竟是谁的错，不如换位思考一下，婚姻是两个人的事情，另一半错了，你也有一半责任。另一半开心，有你分享，快乐才会加倍。

1. 快乐需要分享，错误也该一起承担

即便是再好的东西，如果没有人与你一起分享，也是孤独的。幸福需要两个人一起品尝才会更甜美，错误需要两个人一起承担并改正，婚姻才会往好的轨道上前进。也许遇到困难的时候，逃离会使自己过得更轻松一点，可是，这样的轻松反而会变成心灵上的沉重负担！没有人一起分享的快乐算不上真正的快乐。错误面前，即使逃避了责任，也会给对方心里留下"阴影"和不安全感。

2. 为对方守护幸福，为自己留住幸福

婚姻是两个人的结合，只有两个人互相帮助、互相扶持，生活才能过得下去，家庭才会幸福。如果其中一人因为某些错误而内心煎熬，另一半却不能理解体谅，甚至埋怨，这样的婚姻只会越来越难过下去。因此，幸福的生活是，当甜蜜的生活来临时，有爱人陪着你一起分享；当苦难到来时，同样有爱人陪着你一起承担。患难见真情，夫妻间要做到相濡以沫、不离不弃。

意外的二胎

自从国家二胎政策出台后，很多家庭都"意外"地迎来了二胎。

之所以说是"意外"，是因为在众多类型的家庭中，有些家庭本来就打算要二胎，借着二胎政策的机会赶紧怀上，也算是圆了心愿；还有些家庭出于经济条件的考虑，怎么都不想要二胎，所以不管老人如何劝说都无动于衷。可除了这两种类型之外，还有一种情况最让人纠结——本来不想生却意外怀上了二胎。这该如何是好呢？且看下面这对夫妻是如何处理的。

S，男，34岁，结婚6年，孩子4岁，第二个孩子"意外"来临。

S说："妻子意外怀孕了。她想多要一个孩子，因为她从小太孤单，没有兄弟姐妹，很羡慕兄弟姐妹一起成长的日子。而我不同意，甚至希望她打掉这个孩子，她对我的反应感到十分难过，觉得我不爱她。

她错了，我爱她。只是她不知道我不想多要一个孩子的原因，我觉得多一个孩子多一份负担。我一直告诉妻子这个原因，她也一直同意我的想法。但是深层原因其实是，我从小生长在山村，家里四个兄弟姐妹，我是经常被忽视的那个。

因为小时候生活在山村，整个村子都和我们家一样，孩子多。村民的观点基本上是：孩子多，以后能相互帮助，别人家也不敢随便欺负自己家人。有种要家里人多势众才能有底气的感觉。

进县城读高中之后，我却发现我是班里的特例。大部分同学家里都只有自己这一个孩子，少数有两个孩子，唯独我，是家里有四个孩子的家庭。我常常被高中同学笑话是'超生队'家庭，我那个时候有种感觉，似乎我的家庭生了这么多孩子，是一种笑柄和耻辱。所以上大学之后，我基本上没有提及自己的家庭情况。

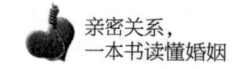

同寝室的同学，久而久之也就发现了。因为总是姐姐们给我寄生活费和日常用品。父母似乎就像爷爷奶奶般的存在。本来我父母的年龄就和普通独子家庭里面爷爷、奶奶辈的年龄一样。记得他们来过学校一次，同学就这么误会过，我心里不是滋味。从那以后，我也劝他们尽量别来学校。我的理由是：'太远了，你们在路上会累坏的。'

　　妻子是我大学同学，这些是我当时从来没有对她说过的，因为我不知道她会怎么看我。我的父母年事已高，姐姐们将每月工资寄给我，我想到这些就很难过，甚至有些抬不起头。我羡慕妻子的独生女家庭，感觉她们就像公主般生活，小时候能享受父母所有的爱，长大了还有看起来十分年轻、恩爱的父母来看望她。

　　说到我的姐姐们，也是我心里一个疙瘩。她们早早退学，牺牲自己来供我读书，大姐姐只读了小学，二姐姐、三姐姐只读了初中，后来去工厂上班。大姐姐在爸爸生病的时候，没有钱帮助家里，嫁给了一个丑陋的老男人。只因为那个男人给出丰厚的嫁妆。

　　我感觉我的存在，毁了三个姐姐原本灿烂的人生。我是多余的，是一个巨大的负担。我的妻子是一个善良美丽的女人，她理解我的内疚，告诉我这不是我的错，我们以后的孩子不会经历这些。我们会给两个孩子同等的爱，不会牺牲其中一个孩子去成就另外一个孩子，我所害怕的都不会发生。天知道，听完妻子的一番话，我心里有多感动。

　　在妻子的鼓励下，我的心结也顺利解开。我开始相信自己能成为一个好的父亲，过往的一切都不会重演。只是我心中的怨恨和内疚积压太久，已经变成了巨大的阴影，一点点类似的感受，我都会十分害怕。其实，男人内心有时也是很脆弱的，所以才总是做出冷血的决定，是因为能掩饰自己悲伤的内心。"

成长秘钥

现实中，夫妻两个人通常来自不同的成长背景和家庭环境，生活中很多理念会有冲突。尤其是在要不要二胎这样的重要问题上，夫妻一定要反复沟通，尊重彼此，才能解决矛盾。那么，如果"意外"之喜真的来了，应该怎么办呢？

1. 一定要先和自己的另一半商量

孩子是夫妻二人共同抚养，自然要综合双方的意愿一起考虑。如果像上述案例中的夫妻一样出现意见不统一的情况，就要耐心沟通，看看你们是否真的具备继续抚养新生命的条件和能力。

2. 根据个人规划和各个方面条件综合评估

商量完以后，不妨再根据自己现在的年龄、身体健康状态和工作与个人职业规划等因素综合评估。尤其对于女性来说，生育一个孩子必然会影响事业，甚至会影响到整个人生，其中包括对产后身体的影响，和对整个人生职业发展的影响。如果女方希望将接下来的主要精力都放在家庭和养育孩子上，那么就可以考虑留下"意外"之喜。

3. 与另一半沟通的同时也别忘了和第一个孩子沟通

一切准备就绪，也别忘了找个适当的时机，把你们的想法告诉第一个孩子，让孩子明白接下来家庭中会发生什么样的变化。比如，二胎的出生可能会打乱现在平静的生活，甚至有可能顾不上老大。那么，夫妻二人一定要耐心地和老大讲解，他并不会因为二胎的出生而失去父母的爱。如果都沟通顺畅了，还可以与双方父母商量，是否可以来帮忙料理家事、照顾第一个孩子，从而减轻夫妻俩的负担。

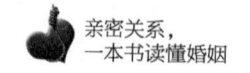

生意危机

我们经常看到类似这样的新闻报道：某对夫妻因为某事故，导致妻子或丈夫成为植物人，而另一方无怨无悔地一直照顾，十几年甚至几十年后，植物人竟然慢慢有了意识甚至醒过来了。

人的一生中难免遇到各种困难，现实中很多患难的夫妻共同渡过危机，重获新生。那不只需要婚姻里深厚的爱，更需要夫妻间在人生的危机面前不离不弃、死生相依的信念。

我们不妨看看下面这对夫妻在危机面前是如何应对的吧？

H，男，41岁，食品厂老板。

H说："我的妻子是一位绘画老师。当年我苦苦追求五年，她才同意嫁给我。她最吸引我的是她的与众不同。在我生活的圈子里，大家都满身铜臭味，谈论的都是钱。而她不一样，她是我生命里的一股清流。

她认为人活着不仅仅是为了生存，还有美好的生活。我喜欢她的这个说法，甚至为这个说法着迷。因为我一直以来都是为了生存，哪怕赚了一些钱，依然不懂得如何去生活。从前，没钱的时候很痛苦；后来，有钱了却感到生活十分无聊。

在她之前，我交往过几个女朋友，无一不是冲着钱，冲着富太太的日子来的，我也只是抱着玩玩的心态与她们相处。与她结婚之后，我心心念念的只有家庭。哪怕开重要会议的时候，哪怕股东们都在，我也会接她的电话。

好景不长，原本独占鳌头的产业，出现了许多竞争对手。巨大的压力朝我砸过来，我开始焦虑不安，担心自己白手起家的工厂有倒闭的危险。这个时候，我开始逃避回家。心中没有一刻不在想，企业倒闭之后我一无所有、不再年轻，很难从头再来。我开始买醉，难以控制自己的情绪，对妻子发脾气。

我过后总是感到很内疚，觉得自己不是一个好丈夫。而妻子总是告诉我：'我理解你现在心里不好受，但是朝我发脾气并不能解决问题，我相信你不会被打倒的。我们一起商量看看怎么想办法，好吗？'很感谢，那个时候她忍受我，对我不离不弃，鼓励我坚强。

后来，我们一起商量着将产品转型，原本单一的品类变得丰富；再将包装由已经过时的图片改为妻子绘制的幽默漫画插图，因为符合年轻人的审美和口味，迅速挽回了市场。我的妻子让我感到惊讶，她不仅仅是真心爱我，还是关键时刻与我并肩作战的战友。

我想，我这辈子都离不开她了。"

成长秘钥

许多人在结婚的时候许下诺言：相互扶持，相濡以沫。但是真正面临危机的时候却相互责怪，互相逃避，一方失去信心之后，导致危机愈演愈烈。其实我们遇到的许多事情看似是危机，同时也是转机。

1. 危机要共同承担，忌推卸责任

婚姻生活需要夫妻二人共同经营，所以婚姻里最忌讳的一件事就是遇到事情互相推卸责任。彼此都觉得这件事不归我管，索性我就不去管。其实夫妻间的事都不是一个人的事，互相推诿到最后事情没办成，对两人都有影响。

久而久之，互相推卸责任只会让问题越积越多，到最后无法解决，如果再互相指责，日子恐怕就真没法过下去了。因此，生活中遇到任何危机，夫妻俩都要承担起自己的责任，有问题主动去解决，夫妻间的感情也会更加牢固。

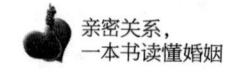

2. 共同尽责，为对方的幸福买单

婚姻是过日子，生活中大大小小的事都需要认真对待。这不仅是为了自己的幸福，也是为了对方的幸福，婚姻维系在两人身上，就需要两个人共同努力才能维系好，任何问题都不是简单的一个人的责任。夫妻间互相为对方的幸福买单，生活才能越来越幸福。

第四章 Chapter 04
原生家庭与核心家庭

英国作家劳伦斯说过："你即将拥有的那个家比你出生的那个家重要"。

显然，这句话用来形容中国人更为贴切。

我们普通的中国家庭多数带着"中国特色"，例如"妈宝男"、"嫁女如卖女"、尖锐的婆媳关系等等，无不反映出原生家庭，也就是你出生的那个家庭，对你即将拥有的新生家庭（也叫核心家庭）的影响。

暂且抛开这些带着"中国特色"的略显极端的现象，其实我们每个人都不可避免地要面对原生家庭与核心家庭分离的过程。

那么，我们为什么一定要将这两个家庭分开呢？

这两个家里面，都住着我们一生中最爱的人，那两个家庭对于我们而言，难道不是一个家吗？

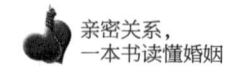

不再做父母的传话筒

很多人不解,为什么一定要将原生家庭和核心家庭分开。有这种想法并不稀奇。在中国,向来有"大家庭"之说,认为和原生家庭一起生活是儿女尽孝心的表现。

但我们需要澄清的是,区分开原生家庭和核心家庭并不意味着"断绝亲情",而是长大成人之后,独立的开始。

与其说是依靠自己独立地做某事,不如说是一种新的"平等"关系。现实中每一个原生家庭,也都是从小家变成的。两个家庭往往是互相牵制和影响的。重要的一点是,分开之后也意味着不再"听命于"原生家庭,从此你有了自己的"话语权",你不必再做父母的"传话筒"。

V,女,34岁,结婚5年。

V说:"父母在我结婚前就分开住了。当时因为父母分居的缘故,我很长时间都有婚前恐惧症,觉得自己的婚姻也会像父母的一样,最后走向悲剧。因为没有好的榜样,我心里没底,抗拒结婚就是害怕重蹈覆辙,走父母的老路。

回想起当时丈夫真诚地对我说:'我们是因为爱情走在一起,我们的模式和你父母的模式完全不一样。我们两人善于沟通,而你的父母是回避沟通。所以，别担心好吗？亲爱的，嫁给我。'我的丈夫打动了我，我很幸福。

直到婚后，我开始分出大部分精力去处理原生家庭父母的感情问题，忽略了我自己的核心家庭，让我焦虑不安。我不能不管母亲，因为我觉得她是脆弱的，需要帮助。如果我都不帮她，她该多可怜啊。

父母分居后依然住在一个小区，一个住小区东边，一个住小区西边。父母平时基本上不说话，在小区遇到有时候跟没看见一样。母亲有时候去父亲那边将他的衣服拿回来熨一下，会叫我过来送去父亲那边。父亲单位发的粽子，会让我回来拿去给母亲。哪位亲戚家里办喜事，会让我通知对方，问对方要不要去。我就这样，从结婚以后一直充当传话筒好多年。

经常跑回娘家处理这些事，有时候让我颇为心烦。经常会把情绪带回我自己的家庭，丈夫和孩子经常无辜'躺枪'。但是我又不知道怎么办才好？难道不管我的母亲吗？父亲抛弃母亲，她那么可怜，我不能不管她。父亲那边呢？如果我再不帮他传话，母亲会不会对生活失去希望？如果我不传话他们连最基本的联系都没有了吧？我心中总是被这些问题所缠绕，经常会失眠、叹气，也影响了我核心家庭的幸福。

左右为难，心中纠结，这样过去了几年。终于，在今年我决定不再做父母的传话筒。神奇般的，父母的联系竟然变多了。虽然最开始，拒绝母亲的传话是痛苦的，总觉得在母亲的伤口上撒盐，觉得自己不孝。后来发现母亲在得不到外界帮助之后，因为按捺不住内心对父亲的思念，竟然主动开口去交谈。没想到自己的拒绝反而达到了自己期待的效果，我欣喜万分。

终于，我现在有更多的时间去学习，去陪伴自己的家人，我如释重负。"

成长秘钥

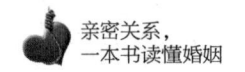

V最后逼自己划分原生家庭和核心家庭的界限是非常明智的。原生家庭的父母,有他们自己的人生和相处模式,我们不需要横在中间,做让自己感到煎熬的事情。

1. 保持边界清晰

核心家庭的爱人和孩子才是陪伴我们走完一生的人,如果我们不善于保持边界清晰,会影响自己婚姻的幸福。理智的做法是,既不能疏远原生家庭,又不能过分紧密而忽略核心家庭。

夫妻双方不管哪一边的原生家庭出了问题,最好都是自己去解决问题,不建议夫妻二人互相干涉对方的原生家庭。保持一定的"边界感"。父母有父母自己的人生。我们同样需要对自己的人生负责任。

2. 主动修复裂痕

家庭是需要经营的。时间久了,我们难免因为各种琐事而忽视了家庭,导致和家人的关系出现裂痕,甚至造成两个家庭的内部矛盾,最后每个人看上去都像是"受害者"。不管你是不是"传话筒",都应该基于"修复裂痕"这个前提化解矛盾,而不是为两个家庭制造更多矛盾。

当你平衡好了原生家庭与核心家庭的关系,你收获的将不只是独立后的自由,还有更美好的人生。

我嫁给了一个"妈宝男"

所谓"妈宝男"是指无论妈妈说什么都是对的,什么都听妈妈的,什么都以妈妈为中心的男人;也指那些被妈妈宠坏的孩子;还有一个含义是指妈妈的宝贝儿子。站在妈妈的角度,儿子永远都是妈妈心里的宝贝。但妈妈没意识到儿子长大了。

找我咨询的L,男,29岁。妻子要离婚,双方正在办理离婚手续。

"今天我们在民政局离婚没离成,有些条件谈崩了,我就跑了。"他说。

"你们是因为什么原因离婚?"我问。

"是她要离婚,我觉得我都没提离婚,一再忍让她,没想到她竟然先提离婚,让我很火大,我是什么都不愿意留给她的。"看来他从民政局跑过来,怒气还在。

"你一直都在忍受她什么呢?"我问。

"我妈妈觉得她心机特别重,我们认为她很自私,处处只考虑自己。我们觉得她性格不好,总是冲我发脾气;我们觉得她不知检点,穿衣服花枝招展,我们觉得……"

"等等,我怎么觉得你一直以来不是你和妻子一起过日子,是你们仨一起过日子。我怎么觉得你今天不是一个人去离婚的,是把你妈妈也带去了。因为你一直在说你和你妈妈觉得这,觉得那……"老实说,我对妈宝男,没有什么好感,话语也有些尖锐。

也许我的话除了尖锐,对他也起到了警醒作用。他意识到自己一直把母亲挂在嘴边:"是不是这个原因所以她要跟我离婚?她不止一次为这事跟我发脾气了。"

"她发脾气很正常,换谁都会跟你急。因为你的婚姻似乎把妻子关在门外,把母亲放在门内,这哪里是一个健康婚姻嘛。你虽然组成了自己的核心家庭,但是你的心还在自己的原生家庭。"我说。

他开始沉默了,好久才开始说话:"我不能不管我的妈妈,我爸去世以后,我一直跟妈妈住,她经常因为爸爸的离世伤心难过,我小时候承诺过她要照顾她一辈子。难道因为结婚了,就不管她了吗?"

"我理解你,结婚后离开自己的原生家庭有很大的愧疚感。但是你父

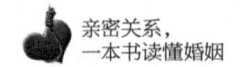

亲的死，不是你的错。孝顺母亲是好的，但是不是以一种好像替父亲来照顾自己母亲的心态去做。哪怕你父亲去世了，他在你母亲心中依然有慰藉作用，你不需要把父亲的角色也揽过来。你做好一个儿子，有自己幸福的家庭，就已经足够好了。你现在的问题在于，你的界限出了问题，你用原生家庭来干扰核心家庭的健康发展。"我说。

接下来换来的又是他的一阵沉默。过了将近10分钟，他说："我想清楚了。这一切都是我对母亲的依恋和同情导致的。我伤害了我的老婆。哎，但是现在可能明白得太晚了。"

"我觉得不晚，你们如果真的决定离婚，也不会拖到现在。其实你们内心里都对这段婚姻还有期待，你们不妨好好聊聊。把你现在的想法告诉你的妻子，当然也需要整理你对母亲的感情后，和母亲好好聊聊。"我说。

据我后来了解到，这对夫妻并没离婚。他们坦诚相待，说出内心的阻碍，冰释前嫌，又在一起生活了，至今仍然和睦。

成长秘钥

每一段婚姻都有它特定的模式。出了问题，夫妻二人应该先解决问题，而不是逃避问题。倘若以"让婚姻破裂"为解决办法，这是很消极的。每个人都有成长的空间，每个人都有成为更好的自己的可能。如果你并未打算离婚，不如试着深入沟通一下，找到彼此心中症结所在，说出期待，再续情缘。

至于如何对待婚姻里的"妈宝男"，我的建议是：

1. 培养"妈宝"丈夫的独立意识

想要培养"妈宝"丈夫的独立意识，首先要确保和婆婆分开居住，凡事多鼓励丈夫挑战自我。当丈夫从其他事情上体会到了自我价值感的时候,他会渐渐享受这种更高级的快乐,慢慢转变"妈宝"的观念。

2. 争吵时给予理解,引导丈夫反思己过

在与"妈宝男"相处过程中,妻子常常难以压制内心的怒火,破坏了正常的沟通方式,不能平静地对话只会引起更激励的争吵,加深双方的矛盾。妻子能做的就是要充分给予丈夫理解,引导丈夫反思己过,而不是火上浇油激化矛盾。

3. 提升自己的价值和话语权

如果你忽视了这一点,我给你再多的建议也难以奏效。很多"妈宝男"之所以不尊重妻子的想法,很大程度上是因为妻子的存在感太低,没有什么能力,这让"妈宝男"本能地认为不需要妻子。

其实不只是在婚姻关系中,当我们觉得一个人不如自己、能力差时,对方说的话,或许我们就不会放心上。想让自己的话对身边的人有影响力是需要条件的,这个条件就是你个人的实力和价值。

父爱与家庭

在每个孩子的成长过程中,父亲都是不可缺席的一员,父亲有着母亲所不能替代的典范与榜样作用,父亲可以教会孩子什么是感恩、承担和男子气概。

下面我们就通过一个小故事来说说父爱与家庭的重要关系。

A和B两个家庭,一个亲密无间,另一个冷漠疏离。

亲密无间的家庭A,父亲在家庭中和妻子、孩子都是融洽的,善于倾听和关爱。家里面有两个孩子,一男一女。当孩子在学校遇到挫折时,父亲

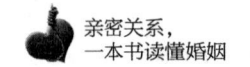

宽慰孩子，摸摸孩子的头，拍拍肩膀以示鼓励。告诉他们失败并不可怕，人生的路还很长，挫折都只会是微不足道的经历罢了。

男孩在青春期的时候，父亲会提醒男孩："注意避孕，要尊重女孩"，男孩点点头。女孩在青春期的时候，父亲拉着女孩长谈，说："你最好40岁才能恋爱，当然这并不可能，对吗？"女孩笑了，父亲接着说："不要跟不尊重你的人约会，答应我"，女孩点点头。

这个家庭的父亲陪伴子女成长，子女富有同情心，乐观勇敢，懂得自我控制，没有性别歧视。在这位父亲年老的时候，两个孩子带着自己的孩子来看望他，陪他一起吃晚饭，一片欢声笑语，听他讲童年的故事。

冷漠疏离的家庭B，父亲和妻子、孩子很少一起吃饭，大多数时候父亲都不在家。家里有两个孩子，一男一女。男孩在青春期的时候与父亲对抗，父亲重重打了男孩。女孩在青春期的时候因为想逃离不快乐的家庭，没有避孕而意外怀孕，父亲呵斥责骂了她，女孩离家出走了。这位父亲不明白，为何自己辛苦赚钱工作，孩子却这么不让他省心？

孩子各奔东西，经常没有音讯。男孩是因为自己婚姻失败，不想回到家被父亲责骂；女孩是无法面对当年的伤痛，尽量避免回家面对父亲。到了这位父亲年老的时候，孩子们偶尔会打来电话问候一下，但是并不愿意来看望他，除了在他生病的时候，不得不来。

冷漠家庭中的男孩无论后面事业多么成功，总感到不开心。他不停地前进，从不停下脚步，他总是将自己弄得筋疲力尽。为什么他无法停下脚步？因为他渴望父亲拍拍他的背，对他说："孩子，你已经足够好了，我为你感到骄傲。"他清楚父亲永远不会对他说这句话，所以他只有不停地通过外界肯定自己，所以前进没有尽头。

随着时代的发展，父亲们逐渐意识到真正的父爱是给予孩子更多精神的鼓励和支持。至于物质上的帮助，被父爱包围的孩子都能凭自己的能力去获取。

A家庭和B家庭两个案例，是许多家庭中比较常见的模式。一个融洽，一个冷漠。融洽的家庭一般都是这个父亲懂得给予孩子爱的；冷漠的家庭一般是父亲不善于给予爱的。并不是说后者不爱孩子，而是他自己的经历和认知有限，不知道如何去爱。

许多男人第一次做父亲，并没有经验。若自己的原生家庭有榜样还好；没有榜样，甚至是负面榜样的话，这位新父亲往往会不知所措。巨大的责任向自己压过来，选择逃向工作是最简单的选择。他们会说："养家压力大，我必须得更加努力工作。"但事实上，很多情况是在逃避家庭氛围带来的压力，不敢去面对的原因是怕自己"不能成为一位好父亲"。

女人成为母亲的转折是明显的，因为孕育孩子，给孩子哺乳。但男性似乎在形式上看起来像一位旁观者，其实男性的内心并不容易度过这个转折期。但是没关系，没有完美的父亲，我们在父亲的道路上成长得慢了些，或许也做了一些错事，但都还来得及完善自己，去让孩子感受到来自父亲的爱与关怀。

成长秘钥

我听过一个故事，一个男孩十分怨恨自己的父亲因为家境贫穷，没有给自己物质上的帮助。这其实是表面原因，深层原因是，这个男孩怨恨父亲给自己的爱和关心不够。不论他遇到什么挫折，他的父亲都不予理会。男孩是最希望得到父亲肯定的，只要父亲肯定自己，孩子就会感觉任何困难都难不倒自己。可见父亲对孩子的影响是非常大的，具体表现在：

1. 父亲让孩子更具独立精神

在家庭中，母亲由于天性使然，通常会倾向顺着孩子的意愿，在孩子成长过程中只有母亲的教导，孩子容易缺乏独立思考的精神。而父亲的角色恰恰能弥补这一点，不包揽孩子的事情，让孩子单独处理问题，孩子获得锻炼后会更有独立精神。

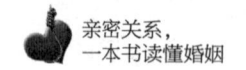

> **2. 父亲让孩子更坚强勇敢**
>
> 孩子学自行车时不小心摔倒，母亲通常会连忙问孩子有没有事，而父亲出于男人天生的冒险精神，会鼓励孩子去直面问题和困难，敢于挖掘新奇的东西，更利于孩子以后的勇敢精神和探险精神的养成。
>
> **3. 父亲让孩子个性更活泼**
>
> 父亲高大健壮的形象，会让孩子在潜移默化中学习仿照，慢慢孩子变得坚强，外表也强壮起来。相较母亲的细腻，父亲豁达的性格，也会帮助孩子保持乐观和信心，在交友中更容易交到好朋友。

情感失衡

维系一段感情需要一颗坚强的心，婚姻亦如此。如果总是太容易被外界诱惑，那么就不仅仅是自己的迷失，而是家庭生活的失衡。

一对夫妻，结婚30年了，最近出现了情感危机。从表面上看，是丈夫在外面有过几个情人，妻子无法忍受，情感破裂才提出离婚。但是仔细了解之后，发现另有原因。

当初感情很好，如今却破裂了，这个桥段总是在不同的夫妻生活中上演。当然了，若是当初感情不好，谁敢结婚呢？同样的，这对夫妻当初在恋爱的时候，感情很好。

男方的原生家庭情况是：在他还是孩子的时候，目睹过父亲殴打母亲，因为不能保护母亲而自责。母亲对他说："你不要哭，你只要答应我以后绝对不要对女人这样，做一个好丈夫，明白吗？"他点点头。

第四章 / 原生家庭与核心家庭

女方的原生家庭情况是：家里的母亲特别强势，所有的一切大小事都是母亲做安排，父亲在家中基本没有发言权。女方渴望独立，但是母亲总是一手包办所有的事情，以至于她想要很早逃离母亲去有自己的家庭。

长大以后，这对男女相恋了。他们深深被对方吸引了。男人有主见，懂得照顾女人；女人依赖男人的保护，欣赏男人对家庭的渴望。而女人的性格也弥补了男人当初没有保护住母亲的需要，让男人能加倍疼这个没有主见的女人，因为她越没有主见，越能证明自己有保护她的能力。

结婚以后，他们有了孩子。妻子照顾孩子的时候经常会崩溃。她自己还是个孩子，根本不懂怎么照顾孩子。而丈夫因为工作繁忙，常常会忽略妻子的感受，他们的矛盾开始产生。

妻子要求丈夫能多一点时间陪自己，像婚前那样照顾好自己。丈夫要求妻子能独立起来，照顾自己。就这样，强制性的要求激起了战火。经常会出现的情况是，妻子在照顾孩子精疲力竭之后对下班回家的丈夫大加指责，就好像当初自己的母亲对父亲指责的画面一般。而丈夫回到家看到妻子不停抱怨，完全不在乎自己工作之后的辛苦，感到十分愤怒。但是因为答应过母亲要成为好丈夫，才屡屡压制下来。

孩子们渐渐长大，为了逃离这个充满战火的家庭，孩子们早早离家去了别的城市。夫妻俩自从孩子离开就恢复了一些平静，直到妻子发现丈夫出轨的证据。

"你凭什么这么对我，我为你生了三个孩子。"妻子说。

"为什么每次都要对我说，是为我生的？难道你不是孩子的母亲吗？"丈夫说。

"生孩子多辛苦你知道吗？"

"我知道，所以我一直努力工作想给你更多的保障。"

"去你的，保障最后都给你的情人了吧？"

"这事我对不起你，我很愧疚。但是你知道我为什么会出轨吗？因为我不想做你的爸爸！我要的是一个妻子，不是一个女儿。"丈夫咆哮着。

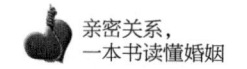

妻子愣在原地。当初自己的母亲让自己的父亲没有一个丈夫的样子，自己发誓绝对不要像母亲一样，让自己的丈夫毫无尊严，像补偿父亲似的，去对自己的丈夫无条件依赖顺从。结果却……

这个故事，并不是说男人出轨是值得同情的，要了解深层的原因，还是需要暂时放下道德评判，才能看得见。

这位丈夫的主要控诉在于妻子将自己塑造成照顾她的父亲，失去了和自己相伴的平衡关系。也许在恋爱的时候，双方因为缺失，为了寻求补偿会很享受互相需要的感觉。但是结婚之后，更长久的关系需要的是平等的相伴。

成长秘钥

对于上述案例的主人公，我不确定他们的婚姻现在是否还在继续，但我了解他们的婚姻之后，调查了身边的许多对夫妻。我发现因为原生家庭父母婚姻不幸福的影响，许多孩子在结婚之后都会出现两种极端的情况：

1. 不愿走父母的老路

"我绝对不要像我的父母一样。"

这一类妻子或者丈夫，往往尽量避免走父母的老路。一旦出现征兆，会竭尽全力地把自己往另外一个方向调整。

2. 复制了父母的模式

"我不知不觉完全复制了我父母的模式。"

父母的模式伴自己走过了太多年，根深蒂固，模仿过来是轻而易举的事情。连父母错误的方式，学起来也是那么简单。

以上两种极端情况，我都建议大家不要去做。

夫妻双方最好是能了解自己在哪方面与父母不同，把自己比父母好的方面强化一下。

比如父母不重沟通，不善于表达情感，那么如果我们比父母善于沟通，结婚之后应该在这方面多做一些工作。

尊重现在核心家庭里夫妻双方的独特性，每个人都是独立的个体，每段婚姻也是。

没有完全一样的婚姻，也没有完全不同的婚姻，只需去善待自己的伴侣和孩子，而不是弥补自己当年的缺失，慢慢就会找到属于自己的婚姻模式。

已婚男性和家务

一个家庭由两个人共同组成，大到人生中的磨难，小到点滴家务事，两个人都要相互扶持、同甘共苦。而在有些家庭家务事却是夫妻矛盾的焦点。

在传统社会中，男性通常担当着在外打拼的责任，女性则负责照料家庭。也有不少"反角色家庭"出现。在这些家庭中，男性也承担家务劳动，女性也外出工作养家。这样的模式充分体现了现代社会男女平等的观念。

但无论是谁做的家务多，谁做得少，只有家庭的每一个人都在团结协作地做事，才是一个完整的家。

我采访了A、B、C、D、E，五名已婚男性，要求他们谈谈，当妻子要求分担家务时，他们在想些什么？以及是怎么做的？

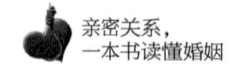

A，在家务上不停地反抗。

A说："我一点也不愿意和妻子平分家务。我从小看到我的母亲基本上包揽家里的全部家务，所以我内心觉得我的妻子做家务是理所当然的。我的办法是'什么也不做'和'要做也会忘记做'。

基本上，我是把妻子喊我做家务当作'耳旁风'的。我会习惯性忘记原本她要求我做的家务，时间久了她也就懒得喊我去做这件事。在她发现要求我做一件事我总忘记之后，她会放弃再要求我做，所以这个方法一直很有用，让我逃掉了许多家务。

但是偶尔也有失策的时候，在她很坚持让我做的时候，站在我的面前，阻止我假装看新闻时，我发现实在推不掉，才会偶尔洗碗。但是即便去做，我也有办法，我会不停地抱怨洗碗很油很脏，让妻子感到让我做家务很烦，于是，再一次，我成功地不用做家务了。"

B，让自己失去做家务的能力。

B说："我觉得女人天生就会做家务，她总是做得很细致。而我总是出错，其实也是因为我自己心不在焉，我觉得做家务是在浪费时间。当然这样说对女性不公平，好像她们的时间被浪费就是天经地义一样。为了不让妻子觉得我是一个不公平的人，同时又能让我避免做家务，我做家务的时候比较敷衍。

比如扫地随便糊弄一下；衣服洗好了几天都忘记晒；给孩子扣错扣子；忘了补习班接孩子的时间；做饭的时候忘记放盐。这些事情让妻子很生气，她觉得让我帮忙只能添乱，所以就不再让我帮忙了。而我也达到不用做家务的目的了。"

C，通过赞美妻子逃避家务。

C说："我和大多数丈夫不同，我并不觉得女人做家务是理所应当的。我也觉得为妻子分担家务是合理的。但是，即便如此，我内心也是不愿意做家务的。其实我相信女性也不喜欢做家务，但我能让妻子心甘情愿做家务，是因为我的办法比较高明。

我会赞美妻子家务做得很好：亲爱的，饭做得真好吃；亲爱的，地板拖得很干净；亲爱的，你对孩子的辅导很用心；你真好，替我减轻了许多家庭负担；我太感谢你啦等等这些甜蜜的话。我让妻子喜欢在家务中找到自己的价值，从而每天兴高采烈地做家务，而不是怨气满满。"

D，社会文化使我不用做家务。

D说："如果有位朋友来到家里，看到我家很邋遢，会说我的妻子懒惰，而不会说我不勤劳。这是社会对男女的区别对待。我的妻子很在意别人的看法。哪怕她也不喜欢家务，但是一旦家里要来人，她一定会把家里收拾得井井有条，不需要我插手，而我也乐得自在。

对于孩子，她的关注也比我多，她整天会担心孩子各方面不适应，减少工作来照顾孩子，这是她自己的意愿。既然妻子这么愿意费心，对我又没有过多的要求，我可就省心啦。"

E，想要平等自在的家。

E说："我很清楚现在的社会和以前不同，我母亲那个时候没有工作，所以除了做家务带孩子也没有其他事情可以做。而现在我的妻子有自己的事业，还要回家带孩子包揽家务，总觉得说不过去。

我的妻子希望家庭氛围是男女平等的，我十分同意，也鼓励她做一个精神独立的女性。我认为，一个和谐的家庭里，夫妻双方一定是平等自在的。为了表示支持的诚意，我会主动分担一半家务。我认为我的观点很开明，妻子也十分喜欢我的想法，结婚多年，我们的婚姻一直很美满。"

我最支持第五位男性对家务的态度。一位自信、有责任、有公平心的男人都会主动分担家务。而一位善解人意的妻子，也会对此表示感激。夫妻双方相互理解、相互支持是最好的婚姻模式，能避免许多婚姻中因劳动分配不均而导致的委屈、怨气、指责。试想一下，如果结婚很多年之后，夫妻因为决定谁去扔掉生活垃圾而争执得面红耳赤，岂不是太悲哀了。

成长秘籍

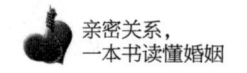

调查发现，在一个家庭中，妻子受的教育水平更高、工作时间更多、收入更多，丈夫会愿意承担更多的家务。按现在的社会发展，夫妻双方分担家务是必然的趋势。如何合理分配家务，避免不必要的争吵，我的建议是：

1. 正确的分配原则是不以收入作为标准

婚后的所有收入都是夫妻双方的共同财产。何况家务活不是外部工作，不能以双方的收入作为衡量承担家务多少的标准。做家务理应是对家庭的贡献。

因此，家务活的分配，不能单纯地用收入来划分。例如，丈夫的收入是妻子的两倍，那么家务事就应该是妻子的一半，而妻子就该做双倍的家务——若是用这样的逻辑来决定家务活的多少，那我建议这样的夫妻还不如用付费的方式进行家务事的购买。

夫妻之间，应该根据彼此工作的忙碌程度，来决定家务事的多少。工作相对轻松的一方，就要多体谅另一方，多做一些家务事，这样才能平衡好家庭内外大大小小的事。

2. 与其把时间浪费在"谁做得多"的争吵上，不如把精力放在增加财富上

如果说婚姻是两个人共同成立一家"企业"，夫妻是"企业"的合伙人，那么，两个人的地位也是平等的。彼此应该通过科学的分工合作把共同的"企业"经营好。

如果夫妻之间，把时间都浪费在争论谁做的家务比较多这个问题上，只会浪费"企业"发展的时间。打个比方，夫妻二人为了"到底谁来洗碗"争论了一个小时，但实际上，如果把"洗碗"看成企业的工作，理论上洗碗根本用不了那么久的时间。

> 回到家庭问题上,最终的结果就是,碗没洗成,夫妻两人的心又各自受伤,情感又因此出现了裂痕。这种结果,只能说是"大败亏输"。
>
> 3. 把对方当成队友,满怀感恩和爱意,分工清晰
>
> 曾有一家研究机构调研发现,如果夫妻俩对于家务事分工不明,往往对生活也充满了不满,心理上也会精疲力竭。相反,如果夫妻俩在分工上能够达成一致,彼此尊重,日常生活也会和谐很多。
>
> 另外,即便是划定了范围,两个人也难免需要彼此协助完成一件事情。例如,平时都是妻子做饭,可是周末妻子陪着孩子去补习班上课了,这时就需要丈夫来主动完成做饭的工作。
>
> 所以,夫妻之间,更应该具备的一种态度是:家务事没有设定必须由某一个人去完成,两个人共同努力付出,家庭生活才会顺风顺水,让彼此没有后顾之忧。

全职主妇的那些事

在很多人眼中,全职主妇不必操心生计问题,只打理好家务事、照料好孩子就"天下太平"了。这种生活似乎可以用"悠闲"来形容,殊不知,全职主妇的心酸,只有经历过的人才会懂。

实际上,"全职主妇"这个词往往与家庭经济挂钩。既然已经是全职主妇了,那可能就意味着没有工作,经济不能独立。当然,也有一些全职主妇抱着"反正家里有人挣钱养我"的心态。

但对于现代家庭来说,经济独立对婚姻的意义是重大的。所谓经济独立,就是拥有一份独立的工作或事业,靠着自己的劳动而获得更好生活的

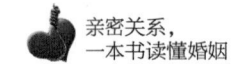

资本。这话不仅适用于男人，女人亦如此。

让我们来看看赚钱养家的丈夫和家庭主妇的内心世界。

赚钱养家丈夫的内心世界：

"这件衣服你烫得不太好，边角还是皱皱的。你怎么连这件小事都做不好？"今天要谈一个重要的客户，没想到老婆竟然连烫件衣服都这么不走心。半个月来，丈夫接手的案子还没有进展，领导没有好脸色。工作压力让他喘不过气，他压着无处可发的怒火，因为这件衣服反映出妻子工作不够尽善尽美的那一面，丈夫的火撒到了妻子身上。

丈夫走后，妻子虽然看似平静，心中早已"歇斯底里"。

她心说："我放弃事业，家务全包，接送孩子，活活一个尽职的保姆，怎么就什么都做不好？我给我爸都没烫过衣服，你还要怎样？我和好朋友出去旅行，让你尝尝自己全包的滋味。"

于是，她默默地拿出便签，在纸上写了一句话，放在了桌上："不好意思，我什么都做不好，我需要出去静静，思考人生。"

家庭主妇的内心世界：

当看到丈夫无缘无故地发火，妻子内心是十分受伤的。任何一个心甘情愿洗手做羹汤的女人都希望把家庭经营得完满幸福。但事实上，在生活中往往会事与愿违。丈夫的一个否定，妻子仿佛就是一个拿着不及格成绩单的小朋友，失落又悲伤。但与小朋友不一样的是，妻子往往碍于面子和尊严不太愿意将自己的失落显现出来，而是压制着，直到压抑到一定程度一并爆发。

主妇们想听到的其实是："辛苦了！亲爱的。你真好，这么用心帮我烫平衣服，真幸运你是我的老婆。"

虽然妻子们很多时候会嫌弃自己仅仅是一名社交圈狭小的女人，也十分讨厌繁琐的家务，但来自丈夫的爱护和肯定，也是妻子坚持把美好的家庭维护下去的动力。

成长秘钥

失去事业的家庭主妇，将命运交给丈夫。虽然现在女人赚钱养家，男人作为家庭主夫的不在少数，但我们姑且以普遍情况而论。

妻子失去个性，总是不自觉地揣测家庭经济来源——丈夫的心意，并围绕着他展开一切语言和行为，更有甚者分析丈夫的一举一动。猜测一个人会耗费自己大量精力，还要担心竞争者的"突袭"，怕被"淘汰"出局。这导致家庭主妇在不顺利，或情绪低谷的时候会产生"前有追兵，后有猛虎"的恐慌和幻想。引用哲人的一句话："对于恐惧的幻想，比恐惧本身更可怕。"

如何面对生活的恐惧？

1. 找回自己，给自己独处的空间

当我们将家中的经济来源当作"上帝"的时候，我们忘了自己。一个遗忘自己的人，总是活在不确定中。人只有学会自处，提升精神上的独立性，才能战胜不安全感所带来的恐惧。有人会问，我们在家庭中，如何有独处的空间？当然有，一直有。比如看一本书的时间，去独自一人散步的时间，我们都可以和自己待在一起，把自己找回来。

2. 工作独立才能势均力敌

古代的婚姻讲究"门当户对"，现代的婚姻更应该讲究"势均力敌"。

当一对夫妻只有一人在工作时，两人思考问题的方式就会明显不同，因思考方式不同造成的气场、格局也就不同。久而久之，一方明显处于强势状态，另一方明显处于弱势状态，一旦其中一方不愿意维系婚姻，这段婚姻就有可能崩塌。

要想夫妻二人站在同样的高度，就必须保证自己有独立的工作。只有这样，你才有和对方平等对话的资本，这就是你们共创幸福生活的前提。

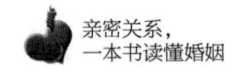

3. 幸福共舞才能爱意绵绵

有了平等的身份,才能形成"幸福共舞"的局面。有人做过这样的研究,发现当夫妻双方都有独立的工作时,两人才会更加珍惜在一起的时间,彼此之间的感情也就更加亲密。幸福的婚姻从来不是一个人的事,只有夫妻双方共同经营,才能让感情更牢固。良好的婚姻关系,或许有合有分,但工作上保持独立,生活上双宿双栖,才是最佳的婚姻状态。如果你和爱人能够做到这一点,相信你们的婚姻生活会非常幸福。

第五章
Chapter 05

婚姻中真实的自己

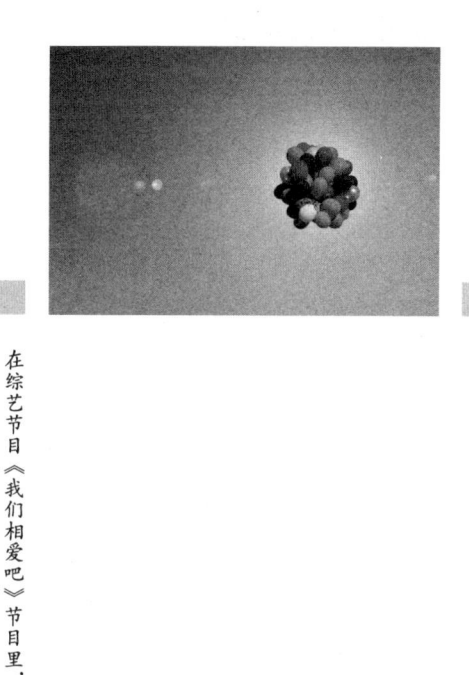

在综艺节目《我们相爱吧》节目里，演员周冬雨送给余文乐一首《不完美女孩》。

其实，婚姻中的每一个妻子都是丈夫眼中的「不完美女孩」，有的人是职场精英却丝毫不懂浪漫；有的人是窈窕淑女却偏偏厨艺不佳。

面对这种情况，有的女人试图改变，在改变的过程中，有的女人成长为更好的自己，也有些女人不知不觉迷失了真实的自己。

或许，你始终无法改变真正的自己，但至少，你可以做最真实的自己。

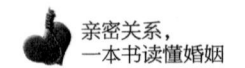

丢不掉的披肩

很多人都会在遇到让自己十分喜欢的人之后选择结婚,与那个自己认为对的人共结连理,这本身是十分正确的决定,但是在恋爱与婚姻的维持之中,有些人却会因为过度在意对方,怕自己的某些行为对方不喜欢而选择迁就对方。

G,女,主妇,29岁,结婚5年,孩子3岁半。

整个夏天,G都外穿着一件针织披肩,在最炎热的日子里也不例外。有一天幼儿园举办运动会,比赛规定每位家长陪着孩子绕操场跑一圈,作为开幕热身。即便跑得汗如雨下,G也没有脱下披肩,险些中暑。

为什么?听到这个原因也许你不会相信。G认为自己在生完孩子之后,胳膊变粗了。起初G不以为然,但"友善的"好友"劝说":"天呐,你以前那么瘦,现在看起来却很壮。赶紧把你的肉肉遮起来吧。"然后,我们看到的就是G在运动会上快中暑的模样。

现在G和丈夫的关系十分紧张,经常会因为自身的不自信去怀疑丈夫是否忠诚。

在孕育孩子的过程中,由于生理和心理的各方面原因,体重难免会增加。女性因此产生了很大的心理压力。却忘了自己在经历一个伟大的过程，体重增加或者身材走样与创造生命相比，就显得没那么重要了。

生完孩子之后，大部分女性在一两年之内可以恢复到原来的体重，有的因为体质原因，恢复周期长一些，但配合节食和运动仍然可以达到目的。

知道了该怎么应对长胖的事实，又该怎样解决G的"怪异"行为呢？在与她交流的过程中，我了解到她和大多数人一样，十分在乎"他人的眼光"，受到朋友批评的影响并不是偶然，她从小就爱与他人做比较，所有的前进动力都是超过他人，而不是超过自己。我意识到她"丢掉"披肩的关键点应该是：克服自己在意他人的看法这一心理障碍，重新享受自由。

成长秘钥

克服旁人的眼光需要一个"练习"和"适应"的过程，在意识到"他人的眼光"是一种无形的"精神虐待"之后，我们才能意识到不能任由"虐待"继续下去了。

1. 幸福不在别处，不做别人眼里的完美女人

之所以说克服旁人的眼光需要一个"练习"和"适应"的过程，是因为"他人的眼光"由来已久、根深蒂固。大多数人接受着从小父母灌输的观点，即"别人家的孩子如何如何了不起"；在学校老师们为了激励我们会说："哪位同学成绩最好，表现最棒，大家向他看齐。"

在我们毫无判断力的时候，我们就已经习惯了比较与被比较。在婚姻中我们同样习惯性地做比较。

他比我优秀，我要打败他，才能配得上我的梦中情人。

他比我富有，我要超越他，才能获得自信。

他比我受欢迎，我要比他更受欢迎，才能证明自己的魅力。

有的人因为发现了比较是无止境的，所以停下脚步，自艾自怜是因为

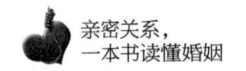

停下不是心甘情愿，是被动的、不得已的，难免带着怨。

2. 跳出思维的怪圈，收起你的坏情绪

我们在做比较的同时，便是不停追逐着他人的肯定。例如，从你有了喜欢的对象开始，你会在乎对象的眼光，他喜欢什么类型的，我们去改变，因为想获得爱。改变的前提是我们需要有参照物。但因为参照物是大量的，所以我们陷入了无止境的比较。我们总是停留在他人的眼光中。

再后来，我们有了孩子。我们将当初父母和老师加在我们身上的痛，转移到了孩子身上，想要激励孩子去完成我们尚未完成的梦。

有的人一生都在比较，追逐着他人的肯定。这样做的结果是，每一天的情绪都在被他人的眼光所左右。不难发现，通常易怒、易悲的人，尤其在乎他人的眼光是。

3. 直面真实的自己

做真实的自己的前提是，一定要直面真实的自己。当我们为了某些事情而忧虑烦恼时，同时也意味着要面对自己的诸多负面情绪，当你处于无法自控的阶段，就很可能乱发脾气，伤人伤己。

不高兴就去寻找让你不悦的原因。例如，是你的心累了，还是你的关注点错了，还是你没有看清真实的自己。

只有勇于面对真实的自己，找出影响你快乐或不悦的原因，不断反观自省，我们才能不断成长，成为更好的自己。

我是真的不适合结婚吗？

很多人到了快要领证甚至举办婚礼的一刻，才想起扪心自问：我是不是真的适合或不适合结婚？

其实，适不适合若是从他人的口中说出来，这样的答案也未必适合你。结婚并没有那么恐怖，只要你能明白，那些婚姻中的幸与不幸到底为什么会在你身上发生。而如果你遇见了对的人，一切都不成问题！

C，男，36岁，企业家，结婚2年。

C说："这是我婚前的故事。从前我放荡不羁爱自由，我一直在生活中探索自己的更多可能，除了感情。

虽然我学的是政治，但是毕业之后从商了，如今在商界也小有所成。

我对摄影感兴趣，业余时间去摄影，结果摄影作品被摄影展看中；我对潜水感兴趣，业余时间去各个海岛潜水，最后拿到了潜水教练证；我喜欢看书，最后竟然学会了自己写诗，自娱自乐。

看到这里，你也许认为我是个自以为是、喜欢夸耀自己的商人。虽然我在任何人面前都是潇洒自信的模样。但是事实上你并不了解我的另一面，脆弱的一面。

我一直不敢结婚，哪怕与我互相欣赏的女人我也不敢和她走入婚姻生活。我一度认为自己不适合结婚。这是因为在我们身边发生的一件事，让我感到十分不安：

我们企业家之间偶尔会有聚会。一次，在聚会上我从另一个商人朋友那里听说他的一个朋友K入狱了。K和妻子抚养着自己的两个孩子，生意顺利，在我们看来也十分幸福。本分的K入狱，让我们这些朋友都感到十分震惊。在我打听之下，这位朋友向我说了来龙去脉。

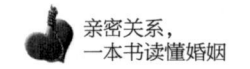

那天，K要去机场准备飞往国外洽谈一个项目。妻子强烈要求送K去机场。K十分感动，认为妻子是太舍不得自己了。

到了机场，妻子从后备箱拿出一袋东西交给K，说是一些K忘了收拾的日常用品。K因为要急着上飞机，也没有细问，匆匆与妻子亲吻告别之后，直奔安检处，不料被警察拦了下来。

K觉得像一场电影一般，警察让他打开包裹，里面竟然摆放着一包包违禁品。而K百口莫辩，进了监狱。原来妻子因为要与情夫霸占K的财富，不顾共同抚养两个孩子的情义而栽赃嫁祸K。后来，K因为在监狱崩溃而险些选择结束自己的生命。

这个故事对我的刺激很大，我坚信女人是毒辣且不可信的。所以我对女朋友都不愿意坦诚相待，总害怕这件事会发生在自己身上，最终发展到恐婚，甚至认为我不适合结婚。

你一定会很好奇，为什么我现在结婚了？那是因为我遇到了"她"，我的妻子，她是一个善良、美丽的女人。

我现在过得很幸福，回首那几年的感情经历，简直就像噩梦。我经常半夜醒来，看到身边不停更换的面孔，感到既陌生又孤独。我会在空无一人的街道上步行到黎明，直到实在困倦了才回到住所。

我以为我会孤独一辈子。

但我的妻子打破了我对女人的恐惧。我现在的经验是，没有人天生不适合结婚，也没有人天生适合结婚。如果你遇到一个美丽的心灵，为之心醉，她也为你着迷，你会重新燃起对爱情的热情，而不是一味地抗拒。

一定会有人问我怎么识别美丽的心灵？她是高尚的，她具有同情心，有时候甚至会悲天悯人；她又是乐观的，对生活充满向往的；敬老人，爱孩子；她尊重自己，尊重他人；坚持自己的原则，不随波逐流。

她把美德看得比金钱重要，不崇拜物质，甚至有些清高，与物质社会有些格格不入。

我想我正是被她的清高所打动。"

成长秘钥

要相信世界有阴暗面，也有美好的一面，任何人都不能因为看到某些阴暗面，就把整个世界都否定了，无论人还是事，道理都相同。

1. 与其纠结适不适合婚姻，不如问问自己相不相信爱情

我所了解的很多年轻的朋友，在经历过一些事情以后，都开始变得不相信爱情，或者说是看淡了感情。他们的姿态仿佛是一眼看穿了世事，认为有些人结婚只是一心为钱。

如果一定要用"失败"来形容这些人的婚姻，不如用"弱者"来形容，思想上的弱者。他们也许本身不相信爱情，于是在婚姻面前找各种借口来"戏谑"婚姻。不相信的同时，还一摆出"我真心对待并付出了，却未能圆满"的姿态故作清高，冒充过来人。究竟适不适合结婚，其实这些人心中早已经有了答案。

2. 信与不信，任何答案都取决于自己的心

美好的事物永远在那里，爱情和婚姻从来不缺少相信它的人。而信与不信其实都取决于你自己的心。

尽管世间人情冷暖，无论内心经历了怎样的煎熬，倘若仍有一颗爱人之心，便可温暖自己，融化冰雪。

离家出走的妻子

我曾看过一个节目，一对夫妻离婚后，女方就离家出走，从此人间蒸发了。而年仅12岁的儿子为了寻找他的母亲，走遍了大半个中国。

最后，孩子的爸爸带儿子上了一档电视节目，孩子泪眼婆娑，男人真

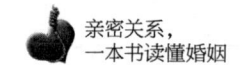

诚恳求，但终究，这位妻子还是没有出现。

不得不说，对男人而言，这是一段失败的婚姻，但最终受伤的却是孩子。所以，当一个女人选择逃离婚姻的枷锁时，无论出于哪方面的考虑，都请慎重。

L，女，31岁，新闻记者。

L说："我离家出走了。因为我除了工作能正常出差之外，似乎一直在围绕着丈夫打转。而要面对一个不爱的丈夫，是一件痛苦的事情。

很可笑对吗？既然不爱为什么还会嫁给他？因为当时所有的女同学都渴望嫁给一个有钱的男人来依靠。在我没有独立意志的时候，随大流嫁了一个有钱的男人。

我一直觉得我仅仅爱的是金钱，但是结婚之后我发现心底更渴望爱和关怀。清楚自己想要什么之后，会时常回忆起大学的时候，寝室里面有4个女孩，当时的我是长相最普通的那个，也是最有野心的那个。

第一个室友最漂亮，却嫁给了一个很穷的同学，我们为此经常在背后笑话她，觉得她白瞎了一张迷人的脸。第二个室友最有才华，一直未嫁，寻寻觅觅，至今未婚。第三个室友是我当时最好的朋友，与我一样长相平凡，却心怀野心。她后来去整形了，后来嫁给了一个富人，但是3年之后离婚了。

为什么能和第三个室友成为好朋友，因为我们都嫉妒最美的那位室友，一起排斥最有思想的那位室友。说白了，我们并不是真正意义上的"好朋友"，我们只是因为脆弱的自尊心抱在一起相互取暖罢了。

离家出走以后，我决定去找当时的这几位室友聚聚。自从大学毕业之后，我们少有往来。

我找到了最美的那位室友，她竟然一点也不受岁月的影响，依然优雅动人。优雅这种东西，我从前只是以为会出现在贵妇身上，但她的优雅高于贵妇们。一些贵妇的优雅是用权钱堆出来，而她的优雅是骨子里面的。

我问她为什么保养这么好？她说她并没有刻意去保养，用的护肤品也很常见。也许只是因为每天早上上班之前，与丈夫一起散步，偶尔打打羽毛球，算是运动保养了罢。她说话的时候依然带着当年迷人的浅笑，原来她一直是我们当中最清醒的。

听了她的甜蜜生活，我心中不是滋味，悻悻离开了。我在想她追寻了爱情，获得了比金钱更宝贵的东西，那个东西叫作陪伴。

我找到了最有才华的那位室友，她朝气蓬勃，谈吐之间仍像一位18岁对生活充满幻想的少女。我问她为什么越活越充满生命力了？她说她是从无知的纯真，再到复杂的严肃，最后到看透生命的率真。我问她这些年都在忙些什么？她说她从未停止探索自己存在的意义，从未停止追求自由意志，一直在拒绝被各种形式的思想束缚。

听了她的话，我眼眶微红。她对我说："别哭，来得及，来得及。什么时候开始为自己松绑都不晚。"我拥抱了她，她拍拍我的背，我感到温暖。

我找到了当时的'好友'。她开着一辆已经老旧的豪车来见我，停得老远。一位小他几岁的帅哥站在街边等她。我问她什么时候转性了？放弃老富豪开始喜欢小鲜肉了？她抽了根烟，叹了一口气，'哎，真是风水轮流转，以前我为了钱去找老富豪，现在年轻的男孩为了钱找我这个富婆，都是金钱交易，没有真感情，这样的人生到底有什么意思？我恐怕这辈子都不会弄懂什么是爱了。'

我说：'我想抽你一耳光，知道吗？'她说：'我知道。是我当时撺掇你嫁给现在的老公的。看你现在愁眉苦脸的，应该是过得不好。哎，我对不起你。'

我知道，并不能怪这位'好友'。当时是我自己选择的，我并不能怪任何人。我当时选择了最简单的路，受他人意见的影响，没有问过自己内心到底想要什么？我以为金钱能带给我幸福，但是我现在的处境，让我的这个'以为'变成了讽刺。

我站在人生的十字路口，不知何去何从。但是我心中有个声音：

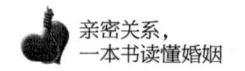

'还不晚。'"

成长秘钥

婚姻首先应该是以感情为基础的，其他的物质条件都可以通过两个人的奋斗得到。

在现实中，如果真的发生妻子离家出走这样的事情，那么双方就都有必要理性思考一下，究竟是什么原因造成现在的局面？

1. 找出离家的原因

负气、失望、不被理解……女人选择离家出走的时候，一定是挣扎之后的决定。此刻，结局已经不重要，重要的是另一半是否理解女人离家出走的原因。毕竟，要拉回一个人或许哄一哄、说说情话对方就会心软，但若想彻底把心拉回来，恐怕就没那么容易了。

2. 反思已过，倾听对方诉求

一方选择离家出走，通常是想法和真实诉求未被另一半满足，那么另一半就要先自我反省，避免钻牛角尖刺激对方。冷静思考过后，再找个合适的方式妥善处理问题。若是出走的一方在性格或其他方面本身存在一定问题，那么此时还需要另一半更多地包容，用更巧妙的办法让对方回心转意。还有一种情况是无论一方如何安抚、道歉、改正，另一半仍不为所动，那恐怕便是长期情绪累积所致。

3. 婚姻中没有绝对的对与错

如果说婚姻生活是理性的，那么感情生活更多是感性的，感性与理性的交织，往往没有对与错之分。但是所有的问题都应该有更好的处理方式。如果每一次矛盾都没有妥善处理，不疼不痒的感冒也可能发展成癌症，为时已晚。若是明知症结所在却依然没有对症下药的意向，结局恐怕会离痛苦的深渊越来越近。

> 与其纠结谁对谁错，不如用行动证明一切，让她或他看到你真正的改变，并对你的态度有所改变，重拾对婚姻的期待。

对不起，我今天不想做饭

有句话非常经典："婚姻就像是一座美丽的围城，外面的人挤破头想要进去，而里边的人却总想趁机往外跑。"

其实婚姻本身并没有什么所谓的属性，而婚姻的幸福与不幸福，并不在于一个人先有了物质上的满足还是精神上的丰盈，而是在于有没有遇见一个愿意与自己同甘共苦的人。

S，36岁，家庭主妇，孩子10岁。

"对不起，我今天不想做饭。"S第一遍说这句话的时候音量很低，结婚12年，S一直是全职太太，包揽所有的家务。这个家的其他家庭成员已经习惯到家就有热菜热饭，厨房和地板永远干净的日子了。刚到家的丈夫以为自己听错了，看了看在书房探出脑袋的儿子，似乎想从儿子那里找到答案，不料儿子也只是摇摇头。

"什么？"丈夫皱着眉头质问。

S嗅到一股质问的气息，瞬间放大了音量："对不起，我今天不想做饭。"

"为什么？怎么了？病了？"丈夫追问着。

"我不知道我为什么要说对不起，这样弄得好像做饭天生就是我的责任一样。"S说，目光越来越坚定，"还有，凭什么我要生病，才跟请病假似的，才能批准我不做饭？"

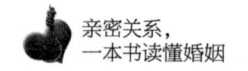

"你犯什么神经呢？有什么事我们好好说。"丈夫再次看看书房"看戏"的儿子，他正用种幸灾乐祸的眼神看着自己，于是喊了句："把书房门关上，写作业去。"

"你今天怎么这么反常？不是说好了我们分工合作，我赚钱，你照顾家吗？"

"分工不是你赚钱，我做家务。分工是我也有自己的工作，分工是家务平摊。"S说。

"你在家里这么久，出门能找到什么工作？"

"只要是能体现我价值的工作，我都愿意去学习、去胜任。"

"恩，很励志。那然后呢？如果我加班，你也工作了，孩子吃什么？"丈夫问。

"这种情况，可以叫餐，现在外卖很方便。或者不论忙到多晚，一、三、五你做饭，二、四、六我做饭，礼拜天让孩子自己学习做饭，我们在旁边指导，会是一个很好的家庭日。如果孩子做砸了我们仨一起出去加餐也行。"S说。

"好，我同意。"孩子从书房探出脑袋，双手赞成。

夫妻俩都笑了，孩子也乐了。

成长秘钥

一个幸福的家庭，是夫妻双方都有自己喜欢的工作，都愿意主动分担家务。一方全部承担工作，或是一方全部承担家务，都会让家中怨气满满，不利于从婚姻中获得幸福感。

1. 女性受困于家务，自我成长的时间压缩，会出现许多焦虑情绪。

据调查，如果将女性做家务的时间换算成金钱，一年下来全国因为家务所产生的劳务费是一个惊人的数额。所以，一位做家务的女性，并不是只是耗费光阴那么简单，她们一直在创造无形的价值。

2. 家务的平摊，是婚姻关系中男女平等的一个重要标志。

夫妻地位平等，相互尊重，是幸福婚姻的基石。一位不受尊重的丈夫或妻子，都是难以坚持维系婚姻的。

一切美好的情感都建立在具有丰富灵魂的人之间，而灵魂充盈的人必然懂得尊重自己、尊重伴侣、尊重他人。除此之外，夫妻的共同进步也必不可少。

说出自己的渴望

在婚姻中，沟通起关键性作用。

夫妻在一起生活，难免会遇到一些看似鸡毛蒜皮无足轻重的小事，但是如果处理不当、沟通不够的话很可能会积少成多，最后"千里之堤毁于蚁穴"，造成婚姻的落幕。

夫妻双方应该在一起多交流、常沟通，无论有事没事，都可以坐下来谈谈心、聊聊天，把想说的话说出来，包括你对另一半、对这个家庭的渴望，加深彼此之间的了解。

R，男，48岁，公务员，有两个孩子。

R说："半辈子过去了，我才弄明白，一直以来，我是一个逆来顺受的人。所以常常被妻子和孩子们忽略。

我的父亲也是一名公务员，因为一次车祸，失去了工作。我的母亲承担起一切家庭生计，她变得急躁而易怒。我小时候不敢提出任何要求，因为我的要求对失业的父亲而言是一种刺痛，他无能为力的眼神也会让我感

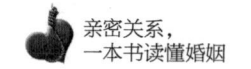

到内疚。对母亲我更加不敢提出要求，她忙进忙出，不等我说出口，她就会将我的话顶回去，仿佛我开口说话就已经是一件麻烦事了。

母亲似乎更喜欢姐姐。因为姐姐能帮助她做不少家务，而我则显得多余。我能做的只有尽量在学习上达到优秀，因为只有我拿到奖状的那一刻，他们才会摸摸我的头，让我能感受到我也是这个家里重要的一员。

长大以后，我沿袭小时候的模式，尽量优秀，不给人添麻烦。我的性格赢得了我妻子的青睐，我也曾经庆幸自己的幸运。

直到一场大病之后，我开始厌倦面对他人的责骂、他人的误会不辩驳的人生。我的人生已过去这么多，而我从未为自己真正活过一天。一直以来，我活的方式只是我认为别人想要我成为的样子。

但是当我有所变化，尝试做自己想做的事时，我的妻子似乎难以接受。她认为我不爱她了，甚至怀疑我有外遇。对此我十分苦恼。开始退回原来的样子，她才感到安心。但是我心中郁闷。为了家和万事兴，我想我还是老老实实这么活一辈子吧。

再一次刺激到我，是在半年之后我生日那天。楼下同事和我同一天生日，单位的同事从早上就为他发祝福的信息，他妻子也早早为他煮了长寿面，孩子们的礼物也在中午的时候送到他的手中。这些都是我在他朋友圈看到的，我为他点赞，我实在太羡慕了。

而我，好像被全世界遗忘了，所有人都忽略了我的存在。孩子也不会给我送礼物，他们认为我不需要，久而久之也不会特意记住我的生日。他们当然会这么认为，因为我从来不会要求什么，哪怕是一些能让我高兴的事情。

期待了一天，我想妻子一定会记得吧。哪怕一句祝福的话、一个拥抱也好。直到晚上，我提了一句，她说：'哦，这么大岁数了，还瞎讲究啥。'我呵呵一笑，转过身去。因为从小逆来顺受的性格，让我闭口不提自己的感受，同样的，这次我也不会去争取属于自己的那份温暖。

我多想对妻子说：'年纪大又怎么了？我还是很喜欢你们在乎我的感觉啊！'

我多想对孩子们说：'你们把我这个老爸忘记了吗？我可一天都在等着你们的祝福了！赶快回家陪我！'

自此之后，我想我会慢慢开始改变，而我也希望我的妻子能接受我的真实。我想，我需要和她好好谈谈。"

成长秘钥

每个人的内心都渴望被尊重，家庭成员之间的互相尊重也是必不可少的。注重沟通，了解彼此的渴望，会让家庭更温暖。

1. 沟通讲究方式和时间

沟通不只是说话那么简单，要讲究方式和时间，正确的沟通方式和时间会起到事半功倍的效果。有人说，沟通有什么难的，不就是在一起说话聊天嘛。其实，沟通还真的不只是说说话、聊聊天那么简单。

只有在正确的时间里进行恰到好处的沟通，才会起到意想不到的效果。至于什么是正确的时间，那就要看具体的事情了。如果发生误会了，但是在误会发生的第一时间，能够给对方安慰，并且把事情都讲清楚，那么夫妻之间的误会也就不会越来越深。

2. 常沟通，加固婚姻的城墙，增加婚姻的幸福指数

沟通是互相袒露心迹，互相加深了解。

夫妻间的很多问题都是可以通过沟通来解决的。既然能够走到一起，那就是缘分，又有什么是不能说的呢？

在一起交流越多，沟通越多，夫妻之间互相了解得就越深入，了解得就越多，很多矛盾就不会发生。希望已婚的朋友们能够多花点时间坐下来谈谈心，多交流沟通，不要让不必要的误会导致婚姻的破裂。研究表明，沟通的次数决定了夫妻生活的幸福指数，沟通越多，幸福指数就越高，两人在一起生活得也就越幸福。

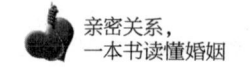

怎么才能接纳自己？

一个人真正的自信不是穿得多么光彩照人，或把所有事都做到完美，而是真正地接纳自己的一切。包括自己的优缺点、现状和婚姻生活。

那么，你了解自己吗，喜欢自己吗？仔细想一想，你的自我接纳度有多高？看看下面这位主编是如何面对自己的吧。

L，女，32岁，某旅行APP主编，结婚2年。

"怎么才能真正认识自己？接纳自己"。L在电话中问我。

而我反问她："你觉得你该怎么做才能接纳你自己？"

从前的我很热衷于回答这类问题，因为这已经是我思考过无数次的问题，有了一套我自己认为非常满意的答案。但随着时间推移，我发现每个人身体内部都有自己解决问题的能力，很可能他们在寻求开导的时候，心中的答案已经由无意识提到潜意识层面了。所以现在的我会尝试引导对方自己解决之后再定夺是否要做出补充。

现在找我交谈的许多夫妻和以前已经大为不同。以前的夫妻大多因为已经出现了危机才寻求帮助，而现在的夫妻是在幸福的基础上去探索更大的幸福。现在新一代的夫妻更在乎彼此是否共同成长，更在乎独立的精神世界，这些健康夫妻既融合又独立的现象让我感到十分愉快。

以下是L的内在探索：

"总要在同一件事情上犯许多错才能做到。"

"比如我会失恋几次，才发现我的择偶观存在问题；比如我会在一个朋友那里吃闭门羹很多次，失落万分；比如我换了几份工作，发现没有一个适合我。我也曾否认自己，是不是我找不到真爱了，是不是我交不到好的朋友了，是不是我的能力水平真的太差无法在社会上立足？答案是，并没有。我并没有我想象的那么糟，甚至恰巧相反。

以前失恋的原因，是因为我误认为伴侣对物质水平的要求很高，其实不是。物质水平不是确定幸福的基础，对方的品质和我们之间的爱，才是幸福的基础。意识到之后，我找到了现在的老公，我们很幸福。

至于朋友在休假的时候拒绝我的邀请，比如一起喝咖啡、吃夜宵，我看是因为他根本没有把我当成真正的朋友，换言之，他并没有欣赏我。朋友之间维系友情的是一种相互欣赏的感觉，既然我们之间没有，也无须勉强。后来，我遇到了现在最好的朋友，我们相互欣赏，感情深厚。

至于工作，我现在的工作能养活自己而且自由。回想之前的工作经历，无一例外是工作时间和环境束缚着我，让我难以呼吸。所以，我换工作不是我没有能力，而是我一直在寻找适合我自己的职业。

说了这么多，我想表达的是，以前我的受挫和走的弯路，可能只是表面上看起来痛苦，它的背后也许是转机，是推动我找到自己真正想要生活的重要力量。"

成长秘钥

听完L的内在探索，我感到我现在的倾听比从前的评判真的有效多了。L说到了关于"接纳"这个命题，我真心认为：追求完美是不现实的，在知足常乐的前提下去完善自己，而不是追求完美，世界上没有人是完美的。接纳真正的自己不等于自恋，我们应该循序渐进地依照这几个层面来接纳自己：

1. 第一步：思考模式的接纳

说到接纳真实的自己，我认为首先要接受自己的思考模式，处理问题的方式，接受自己遇到的挫折，这通常是接纳自己的第一步。

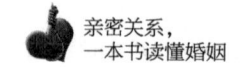

2. 第二步：生理的接纳

我们的容貌、体型，无论高矮胖瘦，又或者有残缺，都要无条件接纳，因为这是独一无二的你。

3. 第三步：精神的接纳

你的价值观，你如何看待自己、看待他人，你如何看待这个世界以及世界所涵盖的文化。

4. 第四步：成长的接纳

父母的不够完美、自己曾犯下的错、以往的经历、所受的教育等等，接纳它们，它们构成了你。

怎样才能接受自己"渺小"？

一个人，只有先认识到自己的"渺小"，才能成就"伟大"的自己。无论是个人成长、还是在婚姻中的成长，"渺小"都是我们必须要认识到的一件事。真正伟大的人首先一定是一个成熟的人，成熟的首要表现就是认识到自己的"渺小"后，能够准确切入自己的位置和目标。而现实中的我们大多数时候都在被灌输类似"成熟就是变强、变得伟大"的思想。殊不知，只想要变强、变伟大，而没有人生的坐标，这样的"旅人"恐怕很难找到人生的"归途"。

N，男，27岁，结婚1年，妻子怀孕6个月。

"老师，您觉得我们怎么样才能接受自己很渺小的事实？"N问。

"你这么问的原因是什么？"下课的时候，我一边整理文件，一边看着一旁N沮丧的脸反问他。

"我有点后悔自己结婚早了，还没有实现自己的许多理想。现在孩子要出生了，我感觉自己都没有准备好。我现在只是一个公司的小职员，职场竞争激烈，前途看起来黯淡无光。"他说。

"所以你现在因为生活和事业有许多未知，感到恐惧，所以开始自我否定了吗？"我问。

"您真是一针见血。其实大学刚毕业那会，我意气风发，感觉全世界都在我脚下，但是随着时间推移，我慢慢发现自己的能力有限。我没有同事会耍小聪明，讨上司欢心；也没有能力在上班的时候请保姆来照顾我的妻子，这是我在婚前承诺过她的。"他看起来给了自己很大的压力，说完重重地叹了口气。

"我们一个问题一个问题来梳理。先谈谈你的妻子，她介意没有保姆照顾她这件事吗？"

"不介意，她说她能照顾好自己。她很善良、体贴。完全没拿这件事说事。"

"你很幸运。"我说。

"谢谢。正因为如此我才迫不及待想娶她为妻。许多男人总是想在30岁事业小有所成以后再成家，但是那个时候又不一定能遇到像我妻子这么爱我、体贴我的女人。"他为自己明智的选择而感到满意。

"在这个问题上你已经有答案了。虽然婚姻让你放慢了事业的脚步，但是加快了你人生的进程，而事业也仅仅是人生的一部分而已。"我说。

"是啊。"N重重呼出一口气。

"我们来探讨你的另一个困扰。你说在工作上你不像其他同事会讨好上司去赢得上升的机会。那么，是因为你不愿意讨好，还是不会讨好？"我问。

"我不愿意，我不喜欢拍马屁，说些虚伪的话让我觉得受罪，感觉自己像电影里演的小人似的。"N耸耸肩，皱了皱眉。

"这个问题其实你也已经有答案了。只是需要有个人来告诉你，其实

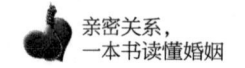

表面上看起来你的事业没有带来地位上的肯定，但是已经有人格上的肯定了。人拥有内在的美德比外界的地位更值得称赞。做你自己，到我这个年纪，你最终能明白自己对正直的坚持是多么重要。"我拍拍他的肩膀，当作鼓励。

"谢谢。我想我眼前该做的是，回家抱抱我的妻子。然后告诉她，我很爱她。然后在公司找机会换到一个正直公正的老板手下工作，这样我也不觉得别扭了，机会也对我而言公平了。"他真的很有灵性，我喜欢和他的这番对话。

成长秘钥

我们都是宇宙中轻如鸿毛的一粒尘埃，任何伟大的故事在历史的长河中也总是显得微不足道。许多人认识到自己的渺小之后会变得悲观，这就有点矫枉过正了。那应该怎么办呢？

1. 先认识到"渺小"，再去努力成就"伟大"。

我们认识到自己渺小，不代表我们要失去对生活的热情。我曾听过这么一句话：认识到自己渺小之后，才能做出伟大的事情。

比如一个企业家，只有认识到自己力量的渺小，才会珍惜员工的意见，重视群众的力量。不要过于高估自己，也不要过于低估自己，学会给自己客观的评价。在遭遇生活重大挫折事件之后，我们能够从该事件中总结经验，下次成功避免重蹈覆辙之后，我们就会对曾经的挫折充满感激。

2. 没有不合理的比较就没有失望

我们最终都会死去，我们活着的时候，尽量使自己保持轻松愉快，才算不枉此生。当我们面对大山大海时，我们显得渺小。因为我们无法与大自然做比较，所以我们没有比较心，也就没有渺小感所带来的沮丧和失望。

第六章 Chapter 06

婚姻中的自由空间

裴多菲在《自由与爱情》这首诗中曾写道：

"生命诚可贵，爱情价更高。若为自由故，二者皆可抛。"

从中可以看出，对于人类来说，自由就像是空气，离开了自由，我们也就与死无异了。

婚姻中，"自由"永远都是一个为人津津乐道的话题，也有许多人对婚姻自由度把握不当，导致离异。

婚姻不是放羊，随它漫山遍野地跑；婚姻更不是绑架，完全限制对方的自由。管束太严，就像勒住了对方的脖子，使得对方无法呼吸，那样的婚姻又岂能长久？

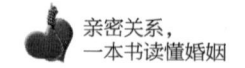

婚后该不该交朋友？

有人曾这样评价友情："友情，是一叶扁舟的纤纤双桨；友情，是一袋沙漠中行走的水囊；友情，是一道黎明前的曙光。"无论多么华丽的赞美语句，都无法描述友情在我们生活中的作用。

有人曾这样描述爱情："爱情就像是空气，虽然看不见，但是从来都不能缺少。"可见，爱情对于我们来说，同样是必不可少的。

作为构筑完美人生的三大基石，爱情、亲情、友情就像是一个稳固的三脚架，紧紧地连接在一起，使人生不会松动。如果三者中断掉了任意一根，生活就将不再稳固。在婚姻生活中，一个聪明的爱人绝对不会剥夺对方的友情，因为他明白友情对于一个人的重要性。

D，女，29岁，钢琴老师，结婚5年，孩子4岁。

"陪我逛街吧，然后一起吃顿火锅。我心情不好，工作上遇到点挫折，感觉很失落。"D对朋友说。

"好啊，但是你确定你老公不会介意吗？我看你还是提前给他打声招呼比较好。"朋友说。

"行，你等我消息"D说。

"喂，老公。你今天能早点回家吗？我工作上遇到点不开心的事，打算和朋友去吃火锅聊一聊。"D说。

"老婆，你咋啦？有啥事跟我说不行吗？"D的老公说。

"行啊，到家给你说好吗？今天孩子就拜托你去幼儿园接了。"D说。

"好，你早点回来。"D的老公说。

"恩，一定。"D说。

这天的D因为培训中心有一位家长说自己的孩子学习没有进步，指责老师不负责。D虽然在二楼，但是也能将一楼家长拍桌子的声音听得一清二楚。

D扪心自问，自己对每一个孩子都十分用心。努力教学，却没有成效，D心中十分难受。又因为不想在家中哭泣，D才找来最好的朋友在外面倾诉一番。

事实上，只要是人，谁都有不开心的时候。

心情不好的时候D喜欢吃火锅，认为没有吃火锅解决不了的问题，一顿不够就两顿。

为什么我们会心情不好？

我们平时看到的诱发性事件并不是导致我们心情不好的根本原因。深层原因是因为我们渴望更多。比如需要更好的工作、需要受到更多的尊重等等。如果我们内心的需要得不到满足，就会对此感到失落。

中国人较为含蓄，一般不太乐于表达自己内心的感受。很多时候我们会认为把自己的内心真实感受说出来是一种弱者的行为，事实上恰恰相反。据研究表明，把内心感受表达出来说明具有更强的自信。找一个信任的人表达自己压抑的情绪，长此以往有助于从根源上治愈失落感，这个时候友情就体现出价值了。

友情，是人类最好的社会支持系统，能帮助我们缓解心中伤痛。看到这里一定有人会问，难道爱情、亲情没有这个功能吗？当然有，甚至更多。但是如果我们硬将友情可以化解的事情也分配给爱情和亲情，那它们该多忙啊。

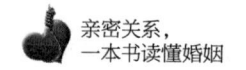

当然，许多美妙的婚姻中，夫妻俩是朋友，但是在一起生活久了，有时候并不能面面俱到，很难每句话都能讲到我们的心坎上。如果友情就能把开导我们的事情做完，轻轻松松回到家中陪伴侣和孩子，何乐而不为呢？往往在朋友那边平复情绪之后，回到家中和伴侣的沟通更融洽。

成长秘钥

我见过太多夫妻带着工作的情绪回家，接着再把负面情绪转移到伴侣身上，甚至是孩子身上，给婚姻家庭造成伤害。与其如此，不如在外面就把情绪问题消化掉，岂不更好？上哪里去消化？让谁帮你消化？此时，友情的重要作用就显现出来了。许多夫妻结婚之后丢掉了友情，将两人困在一个狭小的圈子里，从长远来看，是不利于婚姻良性发展的。我的建议是：

1. 认识他的朋友，了解他的朋友，从而更深入地了解他

爱人的朋友有什么用？他们的作用很大。他们不仅可以在适当的时候帮忙解决生活中遇到的难题，而且，你还可以通过他们更好地了解自己的爱人。毕竟爱人的朋友们已经跟他相识多年，对他的生活习惯也有所了解，爱人喜欢什么，不喜欢什么，都可以从他的朋友那里了解到。这样，就可以在婚姻生活中少走很多弯路。

既然结合成为夫妻，就要互相多一份谅解，多一份宽容；就要互相融入对方的生活中，做到你中有我，我中有你，那样，生活才会更加幸福。应该和爱人的朋友们常交流，在他们谈话的时候多倾听，了解自己爱人在自己面前并没有展示的另一面。只有互相了解，才能在一起幸福生活。

2. 留下一份友情，保住一份爱情

"一个篱笆三个桩，一个好汉三个帮"，人生在世会遇见各种各样的

> 困难，少不了需要朋友的帮助。尤其作为男人，更是需要牢固的友情。不要害怕爱人的友情会夺走你的爱情，更不能试图去破坏对方的友情。
>
> 理性的夫妻会把握好朋友的尺度，在爱情与友情间中做出理智的判断，不会让它们彼此间起冲突。给对方留下那份来之不易的友情，同样可以为自己保住那份同样得来不易的爱情！

他想一个人去旅行

婚姻不是墓地，不是牢房，婚姻是爱情的升级，婚姻需要自由。

有人说："爱情像一只风筝，线不能扯得太紧，太紧了，风筝飞不高，还有断线的风险。"若是想放好这只爱情的风筝，就必须给予它自由的空间，只有给予对方一定的自由空间，婚姻才能有自由轻松的环境，才能使夫妻双方互敬互爱。而拥有了自由，就拥有了让婚姻继续下去的条件；拥有了自由，就拥有了为美好生活奋斗的动力；拥有了自由，才会使婚姻更加牢固、更加美满。记住，为对方留有一定空间，就是为婚姻留有一条走向幸福的道路。

Q，女，28岁，结婚前。

Q说："我们准备下个月结婚，婚前我们聊了很多，对彼此婚后的想法非常认同，唯独在婚后旅行这一点上有冲突。

他在结婚前很喜欢一个人自己旅行，我当时就是被他这一点吸引的。一个人独自去看大好河山，活得潇潇洒洒，让我羡慕。我当时只要想象着和他旅行的画面，就会觉得很幸福。但是他想结婚后仍像婚前一样一个人去旅行，这让我有些接受不了。

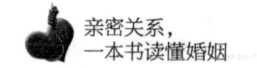

他因为一个习惯吸引我,又因为同一个习惯让我望而却步。我知道男人独自旅行,会面对怎样的诱惑,想到这些就让我很不开心。无论他怎么讲道理,怎么哄我,我还是很难接受。直到最后,我拿出了杀手锏。

'如果你可以独自去旅行,那么我也可以,对吗?'我问。

'你……不行。'他犹豫了一下,明确地拒绝了我。

'为什么?'我明知他的理由,但是仍然追问,就是想听他怎么回答。

'你是女人,一个人旅行很危险。'他振振有词。

'不会的,我不会太晚出门,也不会去偏僻的地方,而且随身带着防狼喷雾。'我说。

'还是不行。'

'那你这样就有点片面道理的意思了。你可以独自去旅行,而我哪都不能去?不公平,我不接受。'

'你在旅行时万一有艳遇,移情别恋怎么办?'他瘪瘪嘴。

'哦,所以这才是你担心的。难道你没有这个可能性吗?在旅行中艳遇,然后移情别恋?'我表面生气,内心已经开始高兴起来,我知道我胜利在望了。结果要么是我们婚后一起旅行,要么我也能单独旅行。

'那算了,婚后,我们还是一起旅行吧。这样谁也不用瞎操心了。'他果然妥协了,我开心地拥抱了他。"

Q通过要求自己单独旅行,让丈夫设身处地地想象妻子一人在外可能面对的诱惑,让丈夫理解自己,去调整婚后的习惯,接受两个人一起旅行。Q没有真正去做出格的事情,只不过是展开一些讨论和想象,就达到了丈夫更珍惜自己的目的。

成长秘钥

婚后，我们从一个单身的状态，变成两个人相依相伴。许多妻子或者丈夫，非常害怕对方吃醋，担心对方会放弃自己。这种担心是对越界之后的担心，不无道理。但是如果能有分寸，把握其中的度，能增加不少生活情趣。

1. 守住底线，婚姻不是冒险

我听过婚后多年的夫妻，妻子因为想试探丈夫是否爱自己，真的去出轨，结果换来的是丈夫的厌恶。如果想试探，不如将行动换作探讨："老公啊，你现在都不在乎我了，如果万一我爱上了别人可怎么办啊？"他听后会对自己有个审视：我是否忽略了我的妻子太多，她才会这么说？

同样的，丈夫如果觉得婚姻麻木平淡，觉得妻子整天指责自己无能，快要忍不住去外面寻求安慰的时候，不如克制自己危险的念头，去装似不经意地问问妻子："老婆啊，你每天对我这么凶，如果我扛不住了，去外面找寻安慰可怎么办啊？"妻子听完保证更火大，但是回头她也一定会去审视自己是不是太凶恶了，考虑要不要温柔一些。在婚姻麻木平淡期，一定要守护住自己的底线，否则很有可能造成不可挽回的后果。

2. 管束有度，给对方自由的亲密

自由的亲密，我认为，是行为有约束，但是言论有自由。夫妻之间展开一些想象，交流一下对方害怕的事情，看起来危险，说不定有改善婚姻的效果。但是这个办法只适用善于自省的夫妻之间。切勿大胆尝试。

婚姻中管束要有度，应该给对方多一些自由呼吸的空间。

每个人都渴望拥有属于自己的自由，被剥夺了自由，就像是被剥夺了呼吸的权利。管束太严，没有自由呼吸的空间，婚姻难以维持；不加管束，又怕对方出轨，闹出婚外恋。婚姻中的管束是有必要的，但是管得太严，事情反而会走向另一个极端，因此，在婚姻中的管束要有"度"。有些事情可

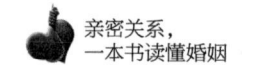

以管束，并且可以"约法三章"作为准则对双方共同进行约束。但是有些事情是不能管的，这些事情是属于个人的自由空间，一个人的自由空间被剥夺，迟早是要反抗的，等反抗到来的时候，也就是婚姻破裂的时候了。

结婚以后，我失去了朋友

结婚对于每个人来说，理应是幸福和快乐的。但是由于婚后和婚前相比少了很多的"自由"。一时间，饭局、酒局、外出活动少了很多。甚至有些人婚后基本上和朋友就少了往来、断了联系。对此，很多人怀疑，难道结婚真的要以"失去朋友"为代价吗？结了婚就不该拥有自己的朋友吗？

K，女，结婚5年，孩子3岁。

K说："我在结婚之后，似乎所有的朋友都不跟我往来了。我觉得是因为朋友们大多单身，嫉妒我的幸福。所以我只敢在我吵架的时候找她们。如果我过得好的时候找她们好像是在炫耀自己的快乐似的。

最近一次找我以前的闺蜜，她很久没跟我联系了。因为放心不下孩子在家，我把孩子也带上了。到了咖啡店刚没说几句话，孩子不停地哭闹，我头都大了。我看到她的表情也不太好，她一直不喜欢小孩，我知道的。

我可能会失去这个朋友。她既没有结婚，也没有孩子，我们快没有共同话题了。但是我很难过的是，如果连她都不联系，我恐怕没有说话的人了。结婚之后，这几年带孩子，在孩子睡着以后，我经常感到很孤独，常常会想：难道我的一辈子就这样了吗？

我的丈夫并不鼓励我出去工作，说那是没本事的男人才干得出来的事。但是我知道他说的不对。一个女人要有工作，有自己的朋友，才算真正的独立女性，在家里才有发言权。不然就像旧时代的女人一样了。家里宽裕是一回事，但是我追求上进是另一回事。我本来以为可以在闺蜜那里寻求支持，但是因为孩子哭闹没说几句，我们就分开了。哎，我现在迷茫得很呐。"

成长秘钥

女人生了孩子以后，在孩子幼年时母亲基本上三句不离"屎尿屁"。那么愿意和她们交流的人只有同样是成为母亲的女人了，选择范围是很小的。如果带上幼小的孩子去见尚未成家的友人，是非常不合适的，孩子在一旁哭闹，很显然是无法好好交谈的，也会让朋友不知所措。所以刚成为母亲的前几年，如果处理不当，基本上失去了拥有社交的可能。

孩子可以托父母或者丈夫带一下，自己偶尔去找朋友就当作小休假，这是人之常情。许多母亲将带孩子全权当作自己的责任，而忘记了丈夫也是孩子的父亲，也有义务分担。当然，这对没有经济收入的主妇来说是难以开口的，但仍需尝试，获得自己的主动权。

1. 每个人都需要朋友，无论是否结婚

每个人都需要朋友，结婚后的夫妻更是。夫妻之间很难出现既是亲人，又是恋人、朋友、同事的情况。因为彼此的熟悉程度，很难为对方的一些事情做出客观评价，这个时候便需要友谊。

若夫妻一直和谐美满当然很好，如果偶尔有一两次吵架，心中委屈却没处倾诉，可就痛苦了。我认为婚后以健康的心态保持友谊是十分重要的。据我了解，许多未婚的朋友在抱怨："她结婚之后就不再跟我们联系，好像我们只是她结婚之前打发时间、无关紧要的朋友一样。"

2. 婚前婚后，友人大不同

很多女人婚后会认为朋友们一定会因为她结婚了而不再愿意做朋友。

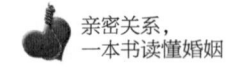

然后开始疏离自己的朋友，最后导致被疏离的朋友觉得她不再需要朋友而离去。这个时候已婚女人会想：看啊，果然，朋友们不需要我。这其实是因为设定了结果而把事情的经过往自己想象的结果上去靠拢，最后真的发生了。

还有另外一种情况是已婚女人对婚姻没有信心，担心自己的好朋友吸引走了自己的老公，让自己沦为双重背叛的可怜女人。我想说的是，其实大可不必担心。若真是不忠诚的丈夫，在哪都不忠诚，担心也没用。若是忠诚的丈夫，你何必担心？

3. 不把心事藏心底

我有一位女性朋友的做法，我认为十分可取。她性格率真，不喜欢把心事藏在心底。当未婚夫和自己的闺蜜见面以后，她直接在饭桌上问："你们不会背叛我吧？如果你们互相喜欢，你们就在一起，我祝福你们，但你们千万不能骗我。"丈夫吓得当场就跟妻子求了婚，以明心志。

她的做法好在哪儿？直接将可能会有的暧昧之火掐灭了。因为暧昧是需要神秘作为"土壤"的，而她直接拿到桌面上说，暧昧的感觉便难以发生，即便是动了念头，也会内疚不堪。而一份感情建立在无畏之上，内疚往往难以发展。

为什么说我不懂她？

婚姻里最大的代沟莫过于"你以为他不懂你，他以为你不爱他"。

很多人认为，结了婚便是生活过日子，柴米油盐、老人孩子。无形中忽略了要和对方之间架一座"心桥"，甚至懒得揣摩对方的小心思，本该有的仪式感变成了可以将就。直到遇到事情时明明只是需要一句对方的安慰话语，不料却等来一盆冷水。爱情之火就这么被浇灭，最终只剩无尽的冷落、猜疑与遗憾。

所以，不妨仔细想一想，爱人为什么会说你不懂他？

P，男，29岁，插画师，与未婚妻的婚礼正在筹划中。

在雨后的晴空里，麻雀在树上吱叫使人略感单调。P拿着本书坐在杨树下看，等着即将来赴约的女友，心中也不算枯燥。P与未婚妻S交往4年，仍是浓情蜜意，虽偶尔有些许小矛盾，但并不影响感情。

最近这个月，他们的矛盾似乎有些升级，而问题常常由"你不懂我！"产生。这话萦绕在P心中，一直使P颇为害怕。P本不是懦弱的男性，但是P真的就是天不怕地不怕，唯独怕女人说"你不懂我"。

为什么？原因有二。

一是此前的一段失败恋情也是败于"不懂她"；二是P十分珍惜来之不易的感情。

于是P去学习了一番，重点了解为什么女友总说他不懂她。其实原因大概有以下几点：

首先，P压根就没理解女友的意思。女方需要多表达一些自己的想法，让P清楚地知道她的真实感受。

其次，女方可能有什么碍于情面不好说的事情，难以启齿，所以故意不想让P明白。

再次，女方对自己的了解还有限，需要更多发现自己。但是这是个漫长的过程，很多人需要一生的时间去了解自己。

最后，P比女方更懂她，女方却还为P不懂而火大。这往往就是误会产生的源头。

P的思绪被从身后轻拍逗他的未婚妻拉回来，她今天似乎心情不错。P问她想去哪里，有什么建议。她很乐意地说了一些。现在的他们虽然没有热恋时的你侬我侬，却达到了和谐舒适的状态。

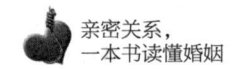

只因为P把他所了解的"关于懂不懂对方"的心得体会都全盘告诉乐未婚妻。同时开始多问女友的意见，女友也问问他的。一来二去，也倒成了良性循环，慢慢也就更懂对方了。

成长秘钥

过分追求别人的理解本身就会带来困扰。理解这种东西是不能强求的，"强扭的瓜不甜"在理解这件事上也是一样的道理。如果我们能接受别人不理解我们，本身就是对不理解的一种理解。学会换位思考、多为对方着想，就会少一点自怨自艾，多一片阳光明媚。

1. 换位思考是一把解决问题的利刃

夫妻在一起生活，会遇到各种事情，如果只是一直站在自己的角度上看待问题，很可能会因为关系到自己的切身利益而做出错误的判断，总是会觉得对方欠了自己什么东西，必须得偿还。可是对方真的欠自己什么吗？显然不是，只是因为考虑自己的事情太多，才导致出现这样的"逻辑混乱"。

在遇到事情的时候不妨站在对方的角度去考虑一下问题，想想如果自己处在他的位置上，又会做出什么不一样的决定。那样很多事情都可以迎刃而解，也就不会产生那么多的误会。

2. 多讲情少讲理，事事不要分得那么清楚

婚姻中不需要太多的理由，两个人生活在一起最重要的是情感。如果情感消失殆尽你用什么来维持你的婚姻？金钱、事业只能使我们的婚姻生活更加丰富多彩，却不能给予婚姻内在的幸福，如果把在社会中为人处世的一套理论拿到婚姻上来用，我想会使你的婚姻更加破碎。

简简单单的爱，才是最不平凡的爱。女人喜欢在老公面前唠叨，这时往往是她需要帮助的时候，这时应该学会去倾听，用你的爱来构筑安全的屏障。

第七章
Chapter 07
当爱即将消失

在婚姻中,两个人的爱情就像是过山车,有平坦的开始,也有高耸的山巅,有时又会瞬间回到平地。

而一段平静过后,你可能会觉得少了点在山巅时的那种激情,没有了对爱情的期待。

往往激情过后,便是爱情慢慢在消失。

很多夫妻走着走着就忘记了爱情刚萌芽时彼此的初心。

其实,婚姻中的男女,都应该用智慧来面对和维护激情过后,渐渐消失的爱情。

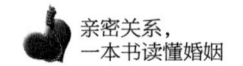

结婚后的女人

随着时代发展，女人生儿育女从"上天赋予的使命"变成"我自己的选择"。婚姻从服务于男性变成追求自己的意愿。即便如此，女人结婚之后追求精神独立比男人要面临更大的考验。

初为人母，一切都在摸着石头过河，当感到迷茫时，往往会参考父母和其他母亲的行为来教育孩子，以至于忽略了每个孩子的差异，也忽略了自己。这些问题都是作为一位母亲所面临的考验。

随着孩子长大，孩子的学习和教育成为母亲最感到焦虑的话题。是让孩子自在地享受童年呢？还是不让孩子输在起跑线上？选择前者让孩子多一些玩乐的时间，却看到别的母亲都在给孩子报各种补习班，自己有种不负责的感觉。选择后者让孩子不停学习，却十分心疼孩子，尤其当孩子抗拒学习的时候，会更加怀疑自己是不是太残忍，剥夺了孩子无忧无虑的童年。

据我所知的一个故事，一位母亲在怀孕期间，一直坚持学习新的知识，重新追求自己初入职场时的理想事业。在带孩子的几年时间里，她基本上每天学习，后来一旦有机会，她就开始实践。似乎她怀孕生子的几年并没有耽误自己的事业，反而是一次新生。相对地，也有些女人无论在思想上还是行为上，婚后与婚前都有很大的差别，也正因为这种理想与现实的偏差，往往令婚后的女人不知所措。

例如，E，33岁，刚准备好怀孕，却还没准备好退出职场。若不是为了打拼事业，恐怕被家人无数次催生的她早已"乖乖就范"了。她从未想过，原来婚前婚后生活的差距是这样大。

33岁生日那天，她在一本健康手册上看到，女人三十几岁还不想着生产，再往后就算想生也是危险的"高龄产妇"了，对自己和宝宝的健康都不利。从那开始，E许下了"尽快生产"的愿望。

没想到的是，愿望实现如此之快，三个月后，E发现自己怀孕了，一边惊喜，一边苦恼，因为虽然如愿以偿地怀上宝宝，但向来以事业为重的她还没做好全身而退的准备。

目前，E是企划部的主管，手下管理7名员工，如果此时退出，很可能再回来就不是这个位置了。而这个职业一直是E最喜欢的，如果让她重新找工作，她真的不情愿、也不甘心。虽不缺奶粉钱，但也不想因此放弃事业，将来能否回到原来岗位，继续享受不缩水的工资和福利待遇是个问题。

因此，宝宝的到来对于E来说，既是份惊喜，也是个意外。

后来，E找到人事经理进行了深度交谈，最后经理给了她两个选择：一是找一个得力的助手暂时接替她的所有工作，帮其占坑，复出后依然可以坐在原来的职位；二是什么都不管，一切由公司安排，至于产后能否回到原来的岗位则不能保证。

说得容易，想要在短时间内找一个"接班人"并非易事，E这才感觉到，不管自己对工作、对公司有多么忠诚，遇到生孩子这样的事就意味着妥协或让步，否则难以两全。

不可否认，婚后，孩子往往成了女人们通往职场的"阻力"。

成长秘钥

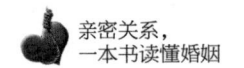

女人当然先是自己，再是一位妻子，然后是一位母亲。

1. 婚后抚养孩子只是女人一生的一个阶段

女人往往放弃自己，只留下母亲的身份，或者只留下母亲和妻子的身份。她们对丈夫和孩子严格要求，只为将自己失去的那部分补偿回来。

生完孩子的母亲会将大部分注意力都给孩子，丈夫会感到被冷落，会有一些情感被疏离的感受。初为父亲的丈夫内心也正在适应成为父亲的事实，女人也在适应成为母亲，这段时期的夫妻性生活减少。

夫妻会时常怀疑两个人之间的爱是否逝去，以至于妻子在生完孩子之后感到抑郁不安，都是十分正常的。心态调整会有个周期，等意识到成为母亲会使自己更完整之后，精神上的成熟会打消对生理上的疑虑。

2. 认清自己婚后的角色

在抚养孩子方面，无论从义务角度还是天然的母性，照顾孩子会分散注意力。如果感到自己没有周全地照顾孩子，心中升起的内疚感是很难熬的，不去花时间照顾孩子并不比忽略孩子的成长好受。女人需要哺乳、照顾孩子，这些事花去了大量时间。积极关注孩子的成长是十分重要的，让孩子明白自己是值得被爱的，从而获得安全感和自信。

带孩子期间，女人往往会在孩子睡着之后感到无聊。因为孩子醒来的时候一直处于忙碌的状态，当孩子睡着以后，对自己现在的角色开始模糊不清。我还是自己吗？还是只是一位母亲？如果我还是自己，那为什么我现在生活全部被孩子和家务占据？这段时期的女人可能会通过补充睡眠、看电视剧让自己停止思考，暂时逃避对自我的寻找。

性爱分离夫妻

什么是性爱分离？

顾名思义，就是性爱和情爱互相抽离，成为独立的可以分别存在的一种体验。

很多人怀疑，"性爱分离"真的存在吗？就像有些男人可以接受和不同女人发生性关系，但他们深知自己并不会爱上这个女人。

M，男，31岁，结婚2年。

M说："我想找一个让我有安全感的妻子。她高尚、忠诚，不会出轨。事实上我也找到了。她是一位老师，对孩子十分用心负责。经常看她研究课件到很晚，也不觉得疲倦。

我的母亲也是一位非常高尚的女人，她无私地照料着我，关心我的任何不愉快，一直想要哄我开心。提起高尚的女人总让我想到母亲，因为这层联想，使我无法真正对妻子有性欲，所以我选择出轨其他的女人。

在妻子发现我肉体出轨之前，她一直处在自我怀疑的阶段，以至于现在有些神经质。但她不知道，我对她欣赏，敬佩，但是没有完整的情爱，或者是说我对她有爱，但无性。我钟情于放荡性感的女人，和她们做爱的时候总能让我忘记生活的一切烦恼。但是如果真正生活在一起，她们本身就能成为烦恼。放荡的女人让我总是被嫉妒的火灼伤，我时刻在可能被'绿'的想象中备受折磨。

我的妻子不同，和她在一起我虽然没有激动心跳的感觉，但是很踏实。当然，若是真有一天发现她也会背叛我，那可能会是我的末日。我直到现在都弄不清楚我对妻子的感情。除了没有性，我似乎是爱她的。我的性与爱分离了，这当然对她不公平。她想要的我明白，她希望和我性与爱

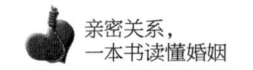

都结合在一起，但是我很难做到。"

M与妻子结婚以后，依然出轨，是因为无法对妻子燃起激情，因为觉得妻子是"高尚的人"，有些像母亲，所以不允许自己和妻子做爱。为什么去找放荡的女人做爱了呢？因为后者给他们感觉和母亲不是一类人，所以可以没有禁忌，没有任何心理上的压力。他在心理上将母亲、妻子、小姐和社会上其他职业的女性角色做了区分。这种将性与爱割裂的做法对家庭幸福是一种伤害。

成长秘钥

婚前或者婚后，夫妻在情感稳定的阶段去谈论"性爱分离"的话题是十分有必要的。它像一个预防疾病的疫苗，能帮助对方更加了解自己对性的态度，弄清楚出轨深层次的原因，是婚姻更加牢固的基石。

1. 婚姻不是在他人身上找答案，而是保持理性

先把离婚率放在一边，只谈性与爱分离这件事。

M将性和爱分开，会出现角色混乱。尤其在发现一些自认为放荡的女人脱下假面，"不再演绎"后，会让男性更加不知所措。比如小姐约出来一起吃饭的时候，看着她们似乎也是普通人，以至于加重怀疑母亲和妻子出轨的可能。因为母亲、妻子都是生活中看起来的普通人，是不是也有不为人知的一面？在这种念头的驱使下，男性的角色区分更加混乱，于是开始不停向外界寻找能让自己不再角色混乱的女性，所以会出现频繁出轨的情况。许多男性的出轨，不仅仅是为了逃离婚姻，更多的是找寻答案。

找寻答案的情况也不仅仅出现在男性身上，女性也会发生。

2. 相互交流，理清混乱的角色

真正好的做法是，婚前夫妻相互交流，了解性背后的角色混乱，并且理顺它。

> 关于妻子，要弄清楚父亲、兄长、男妓还有其他职业的男性都是不同的角色，无法取代丈夫的位置。丈夫和自己的性爱是被祝福和允许的，是美丽的结合。关于丈夫，要弄清楚母亲、姐妹、妓女以及社会上其他职业的女性都是不同的角色，无法取代妻子的位置。妻子和自己的性爱是被祝福和允许的，是幸福的象征。

他能陪你一辈子吗？

大部分女性较男性更善于表达，所以我们多数听到的是女性在婚姻里的牢骚和不满。其实男性在离婚后也不会因为离婚感到快乐，毕竟面对一次感情的决裂和割舍都需要莫大的勇气，镜子被打碎的那一刻，谁都不会好过。

Q，女，一位努力上进的90后，准备离婚。

"离婚以后，我不会再结婚了。"Q说，"最终不过是来来去去一场空。相爱—厌倦—背叛—伤害—离开，我何必让这个轮回再次上演？"Q是一位努力上进的90后，心形的脸蛋让她看起来十分甜美，那双被泪水长期浸泡的眼睛，依然会透出忧愁。

虽然尚未办理离婚手续，但她在我们这群朋友心里，早就已经是单亲妈妈了，因为丈夫对孩子的关爱与照顾少之又少，她和光棍没两样。丈夫的多次背叛，让她筋疲力尽。

"你知道吗？他出轨三年的对象是一个土气的乡下妹子。更可笑的是告诉我这个消息的人是他的新欢，一个已婚的女强人，一个他说事业上能帮助他的人。如果说之前出轨的那个女人是因为爱情，那么这个新欢就是

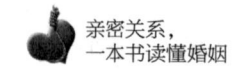

利用关系了。我也不想深入分析了，没想到这么狗血的事情会发生在自己身上。我现在已经不难过了，就是觉得很想笑。"

很显然，她对婚姻已经不抱希望，对这个男人也恨不起来，只是恨结婚时两个人都太年轻。

什么是责任？

什么是夫妻情谊？

什么是共同成长？

这一切都没有想明白，就一头扎进婚姻里。

她的故事，可能每天都在世界的不同角落上演着。无助、悲伤，擦干血泪往前走。迷惘，却不得不坚强活着，为照顾孩子，孝敬老人，她没有时间和勇气去颓废，导致创伤期更长，虽然表面已经风平浪静，其实心如死灰。

最绝望的时候，看到他人的笑容，都是刺眼的，因为自己早已不知道放肆大笑是什么感觉了。

"绝对化"和"糟糕至极"是心理学家埃利斯的ABC理论中提出的不合理信念之一，是一种把事物的可能后果想象和推论到非常可怕、非常糟糕甚至是灾难性结果的非理性信念。如高考考试失败后就断言"自己的人生已经失去了意义"；一次离婚后就认为"自己再没有幸福可言了"；求职失败后就恐慌"自己今后再也找不到工作了"，等等。人需要客观看待生活，不能因为一次婚姻失败就认为自己永远找不到幸福。

成长秘钥

他是爱情里面与你相濡以沫、白头偕老的"那个人"，如何知道对方是不是他，避免重大的情感伤害发生在自己身上？也许以下几个标准可以参考：

- 他是否能帮助自己持续成长，在品格、修养、能力、见识等方面。
- 他是否能让自己产生持续的兴趣，是否能从相处中找到乐趣。
- 他是否能唤起你存在的意义，换而言之，是否能让你有价值感。

如果都能，那么加上以下几点达标，就算得上是真爱无疑：

1. 激情期（1年内）

激情期，也被称作为假的浪漫期。刚在一起的时候，是否一日不见如隔三秋？思之如狂？整天想着对方？连体婴一般的出入各个生活场所？如果是，恭喜你，你们之间激情四射。

2. 亲密期（3年内）

从激情顺利过渡到亲密关系，是十分重要的。两个人是否能对对方坦露一切的秘密和缺点？如果能，恭喜你，你们之间已经成功过渡到亲密关系，并且可以持续发展一段时间。

3. 战斗期（7年内，所谓的七年之痒）

在一起一段时间之后，必然会因为生活习惯、文化背景、思维方式的不同，有所摩擦，会拌嘴、争吵甚至想挥拳相向，这都是十分正常的。你们能不能做到因为爱而去包容？如果不能，那么很可能关系终结于此。如果能，那么恭喜你，你们已经成功适应战斗期，并准备进入下一个浪漫期。

4. 真的浪漫期（一起到白头）

你们已经渡过了假的浪漫期（激情期）、亲密期、战斗期，到真的浪漫期了。恭喜你们，你们确实是命中注定的真爱。

第八章
Chapter 08

婚姻中的性

今天早已不是「谈性色变」的年代。

「爱」与「性」是婚姻中躲不掉、离不开的两个关键词。

婚姻的幸福指数也几乎由这两个字决定。

很多人说,婚姻的幸福状态是相似的,

而婚姻中的不幸则各有各的缘由。

在我看来,

一段幸福的婚姻,

其中的「爱」与「性」必定是和谐一致的。

而不幸的婚姻或多或少都能在这两方面找到「悲剧」的影子。

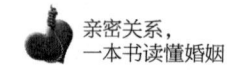

出轨，到底该不该原谅

我曾经在一档节目中听闻这样一个问题：你能接受自己的另一半在精神上出轨还是在肉体上出轨？

无论是精神上的出轨还是肉体上的出轨，首先都要思考两个问题：其一，你认为婚姻中出轨的人，究竟该不该原谅；其二，如果原谅了对方，你能否接受婚姻的这份不忠诚所带来的一切后果。

V，女，38岁，女企业家，孩子6岁。（肉体出轨）

J，男，26岁，建筑师。（精神出轨）

女企业家V和建筑师J在一次合作项目的酒会上认识，酒会过后发生了一夜情。

V发现自己45岁的丈夫已经对自己的身体失去热情。一位38岁的成熟女性，风韵犹存，随着对自己身体的了解，性热情不断高涨，而丈夫的性热情逐渐衰退。这种对性热衷度的落差，使得她一直想在性上寻求弥补。

J作为合作方的代表与她的助理洽谈，她一直在旁看着，这位年轻充满活力的他正好满足她对压抑后性的全部想象。

J说："我是J，我从小对成熟的女人着迷。我写过情书给我的小学老师，也暗恋过邻居家的阿姨。成熟的女人让我觉得特别温暖，她们总是十分善解人意。今天是我替企业谈下项目的日子，也是遇见她的日子。她是一位成功的企业家，却一点架子也没有。她与我握手，我离她那么近，闻到了她身体散发的成熟女人的气息。她充满魅力，举手投足皆是女王的风范。我被她的气质所折服，愿意臣服在她的脚下。酒会上我故意接近她，想多欣赏她的一颦一笑。不知道她会怎么想我，会觉得我是一个初出茅庐不知道天高地厚的小子吧。"

V说："我是V，是的，我感觉我被压抑太久了。一直以来我忙于事业和家庭，忽略自己身体的渴望。而当我明白它的渴望时，我的丈夫竟然对我置之不理。我爱我的丈夫，但是骄傲的我，不允许我成为一个可悲的女人。酒会上他对我颇为殷勤。当然了，我想他是一位在社会上寻求机会的年轻男人，而我能帮到他。我很清楚我不会爱上一个思想层次低于我丈夫的男人，这个毛头小子，只能是我肉体出轨的对象。酒会结束后，我们去了一家名叫"忘记"的酒馆，我喜欢这个名字。我知道接下来会发生什么，能忘记正和我的心意。"

J说："她在酒馆里，与我聊天。她每一句话都那么有趣，细细回忆起来也充满深意。天呐，我快爱上她了。"

V说："他痴痴地看着我，就像一个求知若渴的小孩，让我想到了我以前在我丈夫面前的模样。"

J说："酒精的作用，我和她上床了，我喜欢她的身体。"

V说："久违的云雨，我想我该回到我的家庭了。"

J说："她留我一个人在酒店房间，我很失落。"

这是V和J的出轨故事。出轨当然不好，V违背了结婚时忠诚的誓言。虽然出轨从头至尾她都只是想发泄性欲，而J是想找一位成熟的精神伴侣，甚至是爱情。

成长秘钥

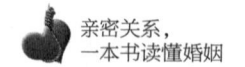

1. 出轨不离婚的人是怎么想的

那部分出轨不离婚者的想法：我知道人性是什么样的，我和他离婚了，下一个难道就一定不会出轨吗？连我自己都不能保证我不出轨，又怎么能相信对方不出轨呢？在这样的念头驱使下，双方过着怨气满满、敏感多疑的生活，被出轨者找到机会就报复，出轨者找到机会就出去透透气。

2. 若看透了人性依然想要携手生活，那就好好沟通

在婚姻中，想要白头偕老是每个人的愿望，就好像一个学生也渴望自己成绩好一样。愿望是有的，但是过程的难易程度，大家心知肚明。这个过程中要面临审美疲劳、麻木单调、欲望、诱惑等等。

如果看透了人性，感情依然还在，想要继续一起生活下去，我觉得还是得好好沟通。我认为，沟通主要是以感情至上为首要宗旨。如果出轨了，感情依然还在，偶然的过错，我看是可以宽容的。出轨的一方好好认错，约束自己的行为绝不再犯；被出轨的一方让对方做一些使自己消气的事情；一起在婚姻中成长，共同慢慢修复感情。

3. "出轨到底要不要原谅"这个问题没有标准答案

关于出轨，到底要不要原谅，没有一致的标准。有人说，如果只是肉体出轨，是可以原谅的；也有人说，肉体要绝对的忠诚，精神出轨可以原谅的，众说纷纭。

我认为得具体看夫妻双方的沟通，每对夫妻的模式都不尽相同。有的夫妻换偶，也可以生活得很美满；有的夫妻相互监视，也能相安无事。按照各自喜欢的模式生活就是幸福。

丈夫的"恋物癖"

狭义的"恋物"（英文：Sexual fetishism），是性欲倒错的一种，是指以某些特定的无生命物体或人体部位作为恋爱对象（由该物体或部位获得性激励）。而恋物癖是一种非正常的宣泄性欲的途径，如通过对女性某件衣服的偏好而满足自我心理，这种行为具有成瘾性，属于心理障碍疾病之一，需要及时纠正。至于引起的具体原因，则通常与个人的性观念以及周围环境、情绪的刺激有关。

L，女，医生，30岁，结婚1年。

L说："结婚前，我发现了现在的丈夫对我的脚特别喜欢。他和我做爱的时候尤其喜欢抚摸我的脚，亲吻它，有时候甚至会忽视我才是这双脚的主人，我看出他对脚有种迷恋的感觉。

作为一名医生，我了解不同的人因为生理情况不同，性唤起的机制不同，但是我属于大多数的那一类。很显然我的丈夫属于小众。虽然我理解他，但我并不是一开始就接受他的特别的性唤起模式，最开始他试图隐藏，担心我发现会抗拒。他的猜想没有错，他过度迷恋脚而忽略我，确实让我心中不悦。

在做爱之前我对他说：'你可以爱我的脚，但这双脚的主人也需要感受到你的爱。'丈夫了解到我的感受之后，会在做爱的过程中与我眼神交流，传递爱意。

我从抗拒到接受，最后开始享受这不一样的新体验。"

根据统计，多数恋足的是男性。导致恋足可能有许多原因，性学界众说纷纭。有的说恋足是心理的原因，性心理发展在童年遇到了障碍；有的说恋足是生理原因，由于脑部曾经受损所致。

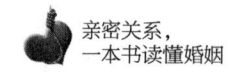

L的丈夫属于心理创伤所造成的。他在童年的时候无意中看到父母在做爱，父母亲呵斥了他，警告他不要告诉任何人，并威胁他如果说出去爸妈就不要他了。从那个时候开始，他就留下了一种错误的观点：性是危险的，是爸妈可能会不要自己的坏事情。

后来，在青春期，他对性有了认识，但是依然难以抹去童年留下的心理包袱，因为撞见裸体的母亲，所以认为女性的乳房、性器官是不可触碰的，慢慢发展成将性唤起机制投向女性的脚，以回避内心不可触碰的伤痛。

如今他已成年，但是这个性唤起的机制已经成型，于是出现最初对妻子脚的迷恋胜过妻子本身的情况。所幸妻子与丈夫积极沟通，一起探索，将感情升华。

关于父母做爱被孩子看见这个问题是存在隐患，但是不能因噎废食。夫妻感情离不开和谐的性生活，如果因为有了孩子的压力而舍弃性生活是一件牺牲很大的事情。

夫妻同房尽量不在孩子可能来打扰的前提下进行，如果真的被撞见了该怎么办？我的意见是趁此机会给孩子上一堂性教育课。告诉孩子他就是父母做这件事情而来的。让孩子了解做爱是正常的，是相爱男女双方自然而然的事情，帮助孩子客观地理解性。对孩子而言，从小了解性就跟了解科学没有什么不同。现在小学也都有关于性启蒙的课程。学校和家里可以相互配合，帮助孩子成长。

话题回到恋足。许多人对恋足不接受，因为心理认为脚是肮脏的。但是对于恋足者，脚是神圣的。恋足者在古代诗人中也并不少见，将美女足比作"玉足"，描写雪白的脚踏在枝头，让人浮想联翩。

所以，在我看来，恋足的人不多，但如果你的伴侣恰巧喜欢，而你们感情又很深厚，不如一起探索原因，一起尝试。相爱是解决问题的钥匙。

成长秘钥

每个人都有脆弱的一面，男人也一样。但是为了正常的婚姻生活考虑，我还是要建议各位尽可能去克服这种心理顽疾，以下方法可以尝试：

1. 不让这种心理依赖成为习惯

心理依赖也会成为一种习惯，克服"恋物癖"首先要从心理上战胜自己，不要将自己的条件反射投射到任何让自己感到"兴奋"的特殊物品上。一次"兴奋"上瘾后，如果反复重复，久而久之就可能成为一种戒不掉的行为习惯。

2. 及时纠正自己的性心理

行为异常通常源自心理异常，而心理异常源自潜意识中的"心理阴影"，所以会通过其他物品寻找心理上的安全感，缓解内心的不安因素。纠正这种异常心理，不如从提高科学的性意识，加强性知识的学习开始。

3. 及时通过心理咨询师疏导

当自己无法戒除恋物癖，纠正非正常心理时，可以通过心理咨询师来疏导自己的病态心理。在提升自己治疗的信心和克服恋物癖决心的同时，达到治疗的目的。

4. 认知与厌恶疗法

所谓认知疗法，是指通过回忆病情产生的过程，和咨询师共同探讨，找出问题形成的根源，正确认识这种行为的危害，从而制定切实可行的方法去克服这种病态行为。

所谓厌恶疗法，是指当患者有了"恋物"的想法后，给自己一个有效的"刺激"。例如，用手指掐住自己的胳膊，用锋利的东西扎一下自己的手指，让自己感觉到疼痛，从而把"恋物"的欲望抑制住，直到病态行为完全消除。

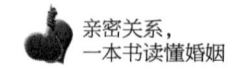

妻子性冷淡的"真相"

对于大部分夫妻而言,"性"和"爱"都是婚姻中不可或缺的东西。可靠的爱情能让两个人的心灵更加默契,让彼此的心越靠越近,而"性"则能让两个人的灵魂升华到一定高度,是能让彼此更加亲密无间的东西。

试问,一对夫妻之间只有爱而没有"性",这样的婚姻能走到最后吗?在现实中,我遇到过一个向我做心理咨询的学员,他抱怨自己的妻子怎么看都像是"性冷淡",似乎另一半对性的欲望基本等于无。但在生活上对方给丈夫的感觉又是很爱自己的。

如果所谓的"性冷淡"真的发生在妻子身上,男人该怎么处理呢?如果是你,会有想要离婚的念头吗?

X,女,餐厅经理,结婚1年。

X说:"我和丈夫结婚之后就没有同房了。他说我做爱是为做而做,并没有享受和他的结合,他甚至开始怀疑我是否爱他,对此我感到十分难受。

只有我自己知道,我其实并不是不喜欢和他做爱,我很在乎他。我现在也很想让我在性生活中热情起来,但是我做不到。

我在农村长大,在4岁的时候曾被隔壁邻居变态老大爷性侵。当时我不知道那是什么,家人也想办法通过搬家让我遗忘。后来,我果然忘记了,但是连同童年的美好时光一并忘却了。因为如果我记得美好的那部分,那么可怕的那部分记忆也会勾起。所以我把童年的一切记忆都切除了,当朋友们谈论童年时,我脑子里面是空白。

长大以后,我交往过几个男朋友,我似乎不曾爱过任何一个人。我只是觉得,大家都恋爱了,我也该去恋爱。性关系也只是我觉得应该发生才发生的,并不是我渴望才发生的。

后来我心智逐渐成熟，才知道我无法享受性爱的根本原因是因为童年的阴影根本没有被抹去，它一直藏在我的潜意识里面。我在欺骗自己，但是身体还是很诚实。

我讨厌阴茎，发展到讨厌男性，再泛化到排斥性生活。所以，结婚之后老公对此十分难过，怀疑我不爱他。他的自尊心也受到很大的伤害。因为性生活，婚姻出现危机，我觉得是时候面对过去了。

我告诉了丈夫真相，丈夫心疼地拥抱着我，红着眼眶告诉我：'这辈子不会再有人敢伤害你了。'

关于那个变态的老头，丈夫气呼呼地问：'死老头现在怎么样了，死没死？我真的想揍那个老头一顿。'

'他已经死了，'我告诉丈夫。'车祸，身首异处。当时全村的人都过去看，很血腥的场面。不过很奇怪，那个村子很少通车，不知道怎么他就被撞死了。'"

直面自己的创伤，它才会愈合。X做得很对，我为她高兴。据我所知，有那么一部分女孩、男孩在幼年的时候遭到"魔爪"侵害，留下了一生的阴影。他们嫌弃自己，不接受自己的身体，给自己的感情之路造成了很大的挫折。甚至有许多人因此不婚，去抗拒这一生的痛。

成长秘钥

站在医学的角度讲，无论男女，没有绝对的"性冷淡"。现实生活中，绝大部分的"性冷淡"源自心理因素。例如，精神创伤的后遗症（PTSD）、心理焦虑、压力大等原因。来自方方面面的"性冷淡"原因非常多，我在此总结最主要的三点原因：

1. 精神原因

很多女性受传统观念的影响，对"性"没有正确的认识，本能地认为

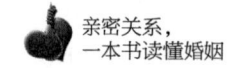

婚姻中的"性生活"是对丈夫的一种贡献。经过长期的性压抑，就会在精神上降低对性生活的兴趣。

此外，有些人是由于与另一半相处过程中心理不放松、感情不融洽造成；还有些人是由于某事件在精神上受过伤害，这些不良因素都会抑制大脑皮层的性欲中枢兴奋神经。如果是精神上的原因，另一半也肯接受治疗，那么双方要加强沟通，彼此互相体谅，以帮助另一半顺利扭转被动消极的心态。

2. 疾病原因

现代人压力大，工作中过度疲劳会引发许多慢性疾病，从而导致性欲降低。如肝硬化、心衰、甲状腺机能减退等等。如果是由疾病引起，那么首先应该找到病因，找到了根源，才有可能从根本上改善症状。

需要注意的是，如果有长期服用降压药、安眠药、避孕药的习惯，许多药品也会引发性欲减退，但通常患者停药后就会恢复，那么这一特殊情况则不属于性冷淡。

3. 不和谐的性生活

很多妻子存在性冷淡，主要原因却在男方。例如，男方总是缺乏性知识，导致在性生活过程中使女方感到痛苦不堪。因此，想要治愈妻子的性冷淡，男方要更加温柔、体贴。还有些夫妻不了解彼此的喜好，准备不足，以至于女方在没有达到高潮之前，男方已先达到高潮。妻子在长期得不到满足后，就会慢慢变得对性生活不再感兴趣，甚至会当做一种负担。

除了以上三点原因，性冷淡也常常发生在女性孕期、哺乳期及产后抑郁期和更年期。不管是哪一种原因，我们都要正确认识到，这个"伤疤"并不是单方面某一个人的错，想要彻底治愈也需要夫妻双方共同努力。

妻子不为人知的秘密

在所有夫妻关系问题中,"能否接受对方的过去"是很常见的一类问题。例如,倘若对方是性感影星,恐怕许多人都难以接受,当然这是所有问题中较为极端的例子。但在极端的问题中,人们的选择也是千差万别的。再比如,如果你无意中发现了妻子的秘密,你会怎么办?

W,男,34岁,律师,孩子6岁,和妻子相恋2年,结婚8年。

W说:"一直以来,我以为我对她无所不知。

我的妻子,今年36岁,大我两岁。我们当年在学校图书馆认识的,一见钟情。在我印象里,她是一位可爱的乖乖女、学霸,甚至有些书呆子气,这些都是她吸引我的理由。没想到从恋爱到结婚,我从未真正了解过她,尤其在性方面。

要不是我在堆满货物的储物间找寻我多年前的文件,也不会翻出她放在角落的相册。

相册里面有许多让我吃惊的照片,尺度非常大。里面的女孩年轻、性感。她们穿着紧身的制服,相互亲吻、拥抱,照片里面满满性欲望的感觉,好不撩人。我在一群女孩之中一眼认出了我的妻子。那个时候的她像一只野猫,当然不是后来我所知的乖乖女形象。

紧接着更让我昏头转向的照片出现了,她是一个虐恋爱好者,有许多虐恋时拍的照片,我看了不知所措。要知道,她和我做爱的这么多年,从来都没有提过虐恋的要求,而照片里她分明十分享受虐恋。我来不及思考,继续将相册往后翻,找出了结婚后她和她的"女朋友"们拍的照片,合照中她穿着我送给她的连衣裙。她们的笑容看起来像亲密的恋人,眼中充满爱意。

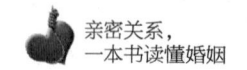

我不断往后翻，头脑发胀。我的妻子是女同性恋吗？还是双性恋？是虐恋者吗？我该怎么办？要拿出相册质问她吗？这一天，我已经没有心思做任何事情。我爱的妻子还有另外一面，而我却毫不知情。

我脑海里不断回忆着她曾经说爱我的画面，去推敲每一个表情是否真诚。我开始担心我只是她为了正常结婚生子的工具，而不是真心选择的伴侣。我开始想，如果我拆穿了，她要离开这个家庭，孩子怎么办？

要弄清真相，我已经不仅仅是关心家庭了。好奇心推着我，将布满灰尘的相册扔到厨房的桌子上，正在做饭的妻子转过身，笑容在看到相册之后凝固。

我盯着她，不知道问些什么。是你是同性恋吗？还是你爱我吗？还是你为什么不告诉我实话？你喜欢虐恋？你为什么要装成淑女？我不知道从哪句问起，所以干脆什么也不说，每一个问题背后都有我不愿意听到的答案。

'每个人都有过去。'她取下围裙，倚在橱柜边上，手上端起一杯水，云淡风轻地说。

'连虐恋也是过去吗？还是你现在背着我在外面享受？'我恶狠狠地说。

'没有。但是如果你愿意的话我们俩可以现在试试。'她这么说显然是在逗我，瞬间让我气消了一大半，也许我更会喜欢完整的她，我想。

'你爱我吗？你喜欢女人还是男人？还是都喜欢？'

'我爱你。'

'就这样？'

'嗯，我希望我们能尊重彼此的过去。就好像我从不会多问你以前喜欢过老板妻子的事情。'她看着我，将我的秘密这般平常地说出来，我乱了方寸。作为一名律师，我最擅长的就是克制自己的情绪，但是在她面前，我完全失控了，我知道我不愿意失去她。

'你是怎么知道这件事的？'我问。

第八章 / 婚姻中的性

'和你恋爱的时候，不小心看到你的手机，和你纠结的眼神。'她说。

'那你为什么还愿意嫁给我？'我急了。

'那是你遇到我之前发生的情感，我们在一起之后你不是放下了么？'她靠近我，给我倒了杯水，亲吻了我。

是的，都是过去了。她还是那个与我相爱的妻子。这次风浪加固了我们的婚姻，而不是葬送。我的确更爱完整、真实的她。"

这篇关于W的婚姻故事，是为了鼓励大家，接受伴侣的过去，才能一起走向未来。每个人都有年轻的时候，每个人都有过好奇心，每个人都有自己喜欢的性爱模式，我们不能要求所有人都按照自己的想象来生活。但是可以相互交流彼此的愿望，尊重彼此的感受，一起探索婚姻中更多的可能与美好。

成长秘钥

现实中，大部分人都有自己的"过去时"。既然已经是过去时，无论是曾经的幸福或不堪，都只能代表着过去。随着时间的流逝，这段过去已经不再重要，并且与你无关，最重要的是已经不可逆。你知道或不知道都是已经发生的事情，你需要思考的是，能否接受眼前这个爱人。如果是真爱就没必要去纠结，否则只是自讨苦吃，影响了彼此的感情，当你"介意"的时候，不妨想清楚，这值得吗？这是你想要的结果吗？

1. 过去只能代表过去

过去的事情无法代表以后的生活。若是彼此相爱、感情和睦，一切就都不重要。过去只能代表着"过去时"，你们的现在和未来才是值得彼此用一生去守护的。毕竟，你爱的也是现在的他（她），而不是过去的他（她），不是吗？

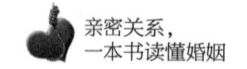

> 2. 活在当下很重要
>
> 好的爱情往往需要自己的空间，这一点我们在前文也阐述过。对于过去的"秘密"，如果你确定自己能够接受，那就用理性的眼光去看待和处理，而不是一边说着"没关系"，一边却做着"介意"的事情。爱人的好与不好，我们都不应该掺杂过去的事情来评判，更不要试图把另一半改造成你理想中的样子。活在当下，享受当下真实的感觉最重要。

生完孩子以后，他不再碰我

女人从结婚到生子，她的生活也会随之发生翻天覆地的变化。心理学家温尼科特曾这样形容过：女性好不容易从自己的家庭独立，按自己的方式生活。她们深知自己不愿意生孩子，因为一旦生了孩子，自主控制的感觉又将消失。

我所认识的女性友人里，很多人在生完孩子以后，自控力好些的会顺利完成为人母后的成长与蜕变。还有很多人因为生活上的种种改变，变得抑郁、不知所措，不但没有迅速成长，反而给以后的婚姻生活埋下了隐患。细数女人生完孩子后最大的改变，莫过于"性生活"方面的变化，比如下面故事中的主人公。

Y，32岁，女，甜品店老板，孩子1岁。

Y说："我的丈夫和我热恋半年后结婚，那个时候我们像连体婴儿一般。

他是一名健身教练，身材很好，颜值也高。在我怀孕的时候，经常会有女学员给他半夜发微信。怀孕期间，我最希望的是他能多关心我，可他却总是忙到很晚才回家，然后抱着手机给热爱健身的"客户们"回消息。

我为此跟他激烈地争吵，我说：'您有必要服务得这么好吗？还有半夜陪聊这一说？'因为嫉妒和怀孕内分泌失调，我说过许多类似的话，比这更过分的也没少说。他拿起手机就出门了，我不知道他去了哪里。我整个人感到一片凄凉。

吵架之后，他对我态度冷淡，也不愿意与我交流。他对他的朋友说：'我很烦她，不想再碰她了。'这对我打击很大。先是感到很受伤，感觉他是不是不爱我了。然后开始愤怒，想着他是不是出轨女学员了。再后来，感到自卑，是不是生完孩子之后，我失去魅力了？

从孩子出生之后，他没有和我做爱，连亲吻都没有。我想和他离婚，我感觉到他不爱我了。"

女性生产前后，夫妻双方的性会遇到很大的考验，男女的内心存在很大的差异。

怀孕前丈夫对妻子的任何情绪、情感都可以感同身受，但在怀孕期间，妻子认为丈夫无法理解自己怀孕的感觉，毕竟男性无法生育。

因为刚生产完，身体消耗很大，提不起性欲也情有可原。由于经历了人生特别重要的时期，体验了生理上激素的变化，体内有过胎儿，心中震荡不已。一方面心中充满成就感，另一方面又要承受失去自由的巨大痛苦。说来说去，女性在生产以后需要另一半更多的理解与包容。

成长秘钥

女性在生产后，生理和心理上都可能发生巨大的变化。很多宝妈在产后由于身材走形而变得沮丧，形成巨大的心理落差。但只要一想到孩子的存在，就会甘愿为宝宝做出牺牲，认为自己已经身为人母，想着应该如何将孩子抚养大。

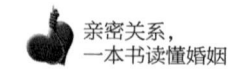

1. 生产后女性的普遍性心理

女性深层心理对初生婴儿的不接纳是不被自己意识层面允许的，所以只好将一部分怨恨转移到丈夫身上。因而对丈夫的情感也变得复杂，小心翼翼将怨恨放在无意识层面。这个时候，女性如果怨恨不被接纳，会影响对丈夫的性感觉。

许多人都认为女性怀孕内分泌紊乱，需要被照顾。其实，这段时期的男性也是非常不容易的，也经历着许多痛苦，也经历着必须成长的过程。

2. 生产后男性的普遍性心理

男性的心理是：我的妻子有了新身份——母亲。虽然不是我的母亲，但是我孩子的母亲。作为男性，跟母亲的性是被禁止的。因为母亲的身份是神圣的，不可侵犯的。男性会在意识层面说"她整天忙孩子"，其实是因为妻子变成了母亲，他要保持性的距离。这是男性在妻子生产后，要面对的首要困难。

其次，男性看到妻子在生产过程中经历了痛苦，或多或少会有内疚感，觉得自己应该对此负责。大家都知道，无意识是不理性的，总是显得不那么有逻辑，但是带给男性的感觉是没有欲望的，刻意与妻子保持距离的感觉是真实的。

在意识层面，他面临着责任变大，养育后代的压力。在发现妻子眼里只有孩子以后，不可避免地产生被抛弃的感觉，触发童年的被抛弃的悲伤记忆。

3. 针对不同心理机制的调节

我们该如何调节心中的矛盾和冲突呢？

妻子不妨这么调整：我爱这个人，虽然也有一部分恨。但我不会把他当作一个完美的神，也不会把他想成一个魔鬼。他有优点，也有缺点，但是这些缺点也并不影响我和他在一起的整体感觉。

> 丈夫不妨这么调整：她虽然是一位母亲，她也是我的妻子，我与她的性爱不仅不会伤害母亲，反而会促进我们的感情，我的妻子所遭受的生产之苦，虽说是大自然赐予的使命，但是我也会加倍用心陪着她恢复身体。我的妻子并没有因为孩子不爱我，就好像我也不会因为孩子不爱她一样。

我是一个不值得原谅的丈夫

性是双方共同精神世界的欢愉。从某种意义上说，性是联结夫妻感情的重要纽带。倘若性生活不和谐，女性会在心理上表现为情绪不稳定、烦躁、郁闷等情绪化问题。相对地，男性在心理上往往会出现抑郁、无助、自卑等心理，甚至有些人情绪变化无常，有些人会出现极端的心理或行为，如暴力倾向，或者在失去理性后做出越轨行为，并认为自己不值得同情和原谅。

L，男，37岁，正在与妻子办理离婚手续。

L说："我的妻子想与我离婚，她现在恨透了我，因为她发现了我的秘密。

每次出差，我都会找小姐，我一直以为不会被妻子发现。因为我一直隐藏得很好。回到家里，当妻子要求看我手机的时候，我会窃喜，因为我手机上不该让妻子看见的信息和照片早就被我安全地处理掉了。按现在社会上说的，我是一名老司机了。

我的妻子很漂亮，性格也很好，除了对我有一些占有欲，但是能在我的接受范围之内。换言之，我很爱我的妻子。可能你们会说我话里存在矛盾。既然爱，为什么还会找小姐？男人会懂我的心思，但是女人们会觉得

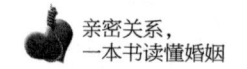

我虚伪，觉得我该去死。

男人找小姐的原因，80%是因为她们愿意口交。因为妻子不愿意，或是觉得要求妻子这么做是一件不尊重的事情，所以不敢提出来，其实是怕影响感情。

而我的原因是因为我不想让我的妻子变成坏女人，所以我很少和她做，能避免尽量避免。成为今天的局面，我当然后悔。因为我的私心和占有欲，弄得婚姻走不下去，我当然后悔。但是我当时的想法可不是这样。我担心她享受性爱，会出轨，我会戴上绿帽子，被嘲笑。想到这些，我就害怕，哪里还有什么性欲？即便有，我都硬生生压下去。

现在想想这是十分愚蠢的。因为我对她不公平，扼杀了她追求幸福的权力，我是一个独裁者。同时我也是一个被恐惧驱使的胆小鬼，因为害怕妻子的背叛而先背叛妻子，以免自己受到伤害，而那份伤害还是我因为害怕而想象出来的。现在她想要离开我，我感到很痛苦，但是又觉得自己活该。

被发现的那次，是因为妻子一时兴起查了我的手机。因为我前几年让她很放心，所以她久而久之也就不查了，我也就开始疏忽清理手机。当然我不是说自己没清理手机是错误的，错误的是我不该欺骗，不该阻碍她体验性。

我后来才发现，妻子是无法忍受我长期冷落她，拒绝与她做爱，而怀疑我有外遇查我的。然后查出来的是我找小姐的记录，我为此感到羞愧。更加悔恨因此失去了妻子，失去了幸福。我希望看到这篇文章的男性能客观认识性，能尊重妻子的喜好，不要变成自以为是的独裁者。

如果妻子愿意给我一次机会，我会尊重她的一切，因为我爱她，但是已经晚了。"

L的做法是维多利亚时代的男人做法。他们将性想成肮脏的，不愿意让性玷污妻子，而去嫖娼。现在的时代，性除了生育，早就是一种男女都可以享受的事情了，L为自己的迂腐付出了代价。

成长秘钥

其实有的女人喜欢性，有的女人不喜欢性，这里面没有好坏之分，只有个性之分。按好坏划分是不客观的，我们应该以现代人的思想和眼光来正确看待婚姻中的性。

1. 保持精力

对于现代男女而言，无论是来自工作的压力还是经济生活的压力，总会令自己感到疲惫不已。无力招架之时很难再有精力去做其他事情。这也成了很多夫妻拒绝亲密的理由。若想改变现状，保持足够的精力很重要，避免在日常社交中把自己弄得筋疲力尽才回家。有意识地去经营和维护婚姻关系，才能为彼此创造更加和谐的性生活。

2. 求同存异

男女之间天然的性别差异，也会导致性需要的不同。例如，很多女性心思细腻、敏感多疑，常常因为某些情绪化的事件处于心情的低谷。此刻，如果另一半没有洞察到女性的脆弱心理，还一味地要求女性满足自己的性欲，恐怕就会引起女性心理上的反抗和不满。同样地，如果女性不能及时了解男方的性需求，同样容易出现不必要的误会。当误会发生时，正确的做法是求同存异，给予彼此更多的理解、包容和信任，而不是找各种借口敷衍对方。

3. 协同共赢

性生活不是一门功课，尤其对女性而言，不妨多些"随心所欲"，少一些"墨守成规"，性爱的过程理应是享受的过程而不是彼此做功课那样敷衍。

男性要懂得主动体贴，关心妻子的性爱心理，多一些情话和甜言蜜语，而不是默默地发泄自己的欲望，让对方体验不到被爱的感觉。总之，和谐的性爱需要以和谐的夫妻关系为基础，摒除一切杂念，全身心投入，用心感受来自彼此身体和灵魂深处的爱。

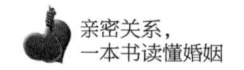

夫妻性生活怎么样才算和谐？

婚姻中的性，往往不仅仅是生理需要，也是彼此满足心理亲密的需要，是情感交流的纽带。

如果夫妻还把性当作闭口不谈的禁忌话题，不仅很难促进和谐的性生活，也难以顺利为下一代做性启蒙教育。

S和V夫妻，他们是因为相亲结婚，不善沟通。

这对夫妻，丈夫长期出差，到家之后与妻子性爱模式比较激烈，不容抗拒。妻子因家务繁琐，要分散精力照顾老人、孩子，比较疲惫，有时提不起来兴趣，不想与丈夫发生性关系。

多次，因为丈夫强行发生性关系，妻子感到十分屈辱。虽然现在法律已经对婚内强奸有制裁，但是妻子因为顾忌孩子而继续隐忍。丈夫弄不明白妻子，自己对妻子如此忠诚，从不在外面寻找其他宣泄途径，而妻子竟然死活不同意。

妻子更弄不明白，自己明明不愿意，丈夫为什么要强人所难，难道不懂得尊重彼此意愿吗？就这样，因为夫妻双方彼此不愿意沟通，不了解对方的内在世界，两人已办理离婚手续。

这对夫妻虽然离婚，在我看来，彼此的下一段感情仍存在隐患。因为下一段感情中，如果不多做沟通，不积极了解对方的真实意图，依然会出现感情危机。

一直以来，在中国"性"话题似乎都是禁忌，其实这是一个天大的误区。在没有性启蒙的环境下，许多孩子没有性安全意识，在性病和早孕方面不知道怎么防范、处理。若染上疾病，终身活在阴影之中。若导致流产或者弃婴，伤害自身也伤害了生命。

成长秘钥

性，男女存在差异，个体与个体之间也存在差异。男性的性感觉来得快；而女性的性感觉来得慢、去得慢。

那么，夫妻怎样才能获得和谐的性生活？

1. 关于"性"的话题多沟通

双方需要多做沟通：怎么样彼此会舒服？怎么样彼此会排斥？什么时候愿意？什么时候不愿意？这些问题都需要经过沟通才能了解。有了打破禁忌勇于沟通的魄力，生活中的许多关于性的问题大部分都会迎刃而解。

2. 注入新鲜感，尝试改变性生活的方式

人都是视觉性动物，容易产生审美疲劳。在性生活的方式上，夫妻双方应该不断创新，例如，不同时间、环境、地点、姿势等等。性生活中的快乐是源自双方的，我们都应该对自己的性快感负责。

3. 避免将不满情绪带进夫妻生活中

例如，短暂的吵架、生闷气、发牢骚、争吵等等，一方带着情绪很难从心理上配合对方，如果不和谐或者就此中止夫妻生活，都会为今后两个人的感情埋下隐患。出现情绪上的问题要注意自我调节或及时请教心理咨询师。

灵与肉的结合

真正的爱不是灵与肉的分割，而是二者的巧妙结合。夫妻两个人在结合的过程中寻找到自己的价值。

为什么说灵与肉需要结合？

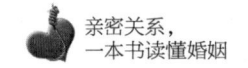

简单来说，人的肉身都是相似的，依照人类同样的生物学法则，由相同的物质组成。但每个人的灵魂都不同，这也是人和人之间最大的差异。

X，男，36岁，工程师，未婚。

X说："在国内性教育是很闭塞的，在15岁时，我对性有着非常强烈的渴望，所以不断看片，想了解自己怎么了。但是现在回想起来，看A片不如去看情爱小说，里面除了性还有爱可以教，但是那个年龄哪里懂得分辨这些。

那个时候我学会了性，也知道怎么去做，但是却不知道怎么去爱。我不清楚爱是什么，被爱是一种什么感受。我的爱总会被性搞砸。在二十几岁的时候，有一个很可爱的女孩，她一心爱我，真心待我，却被我处理成了性伴侣。最后她悲伤地离开了，当时只觉得失落，但很快把这件事甩在脑后，直到现在回忆起来才感到莫大的后悔。当时我明明心中也喜欢她，却弄不懂那种感觉，反而被她的真心所吓倒，想要逃避，无情拒绝她情感的付出，只要性。

现在我渴望婚姻了，经常会感到孤独，尤其在深夜。回忆起以前的种种，觉得自己从未真正成熟过。我看不清楚爱，只擅长自己熟悉的东西。现在偶尔也会有性伴侣，欲望也没有当年那么强烈。做完之后更多的是寂寞，偶尔想要对方留下来聊聊天，她们总会十分惊讶地看着我，然后带着嘲笑摔门而去。

我现在需要心灵的慰藉，而不仅仅是肉体的。但是现在的性伴是当初的我，又怎么会珍惜此刻需要爱的我呢？她们现在需要的性，她们迟早也会需要爱，我这么想。但是时间不在一个轨道上，跟她们聊这些会让人笑我是一个多愁善感的大叔，但却不曾想到我曾经是那样的不羁。"

成长秘钥

真正相爱的伴侣，一定不只是单方面肉体的结合。怎样才能获得真正愉悦的性爱？

1. 从性初期到中期的过渡

性的初期，在荷尔蒙的主导下，许多人会接受性爱分离的观点。那个时候多数人在清楚自己不是被压抑的那一部分群体之后，会为自己性自由的观点感到高兴。随着年龄增长，心智成熟，会接触"灵肉结合"的观点，会带来很大的震撼，发现灵与肉结合的性爱才是高等的，纯粹的性，只是肉体碰撞，是低级的动物性的。

2. 正确认识"灵"与"肉"

纯粹的肉欲，能瞬间唤起激情，能让自己那一刻没有心思去做任何事，脑袋里面只想着性，身体受肉欲驱使着，无法做其他的事情。在激情的驱使下，去做了之后，那莫大的空虚感会将人扔进深渊，让人不禁要想，纯肉欲的性，难道是一种惩罚不成？许多人后来对性厌倦，就好像贪辣的人，中间过程很享受，回头胃难受得厉害，发誓再也不要这样下去一样。虽然偶尔也会再犯，但是也绝不会将辣到胃痛当作享受了。

3. 将激情升华为亲密才会获得真正的愉悦

以情感为主导下的心灵与肉体的结合，才会带来真正美好的性体验。这需要男女双方花更长的时间，将激情升华为亲密，性过程中需要有柔情蜜意才能有愉悦。否则，仅仅肉体结合后，给自己留下的只有无尽的空虚与折磨。

第九章 Chapter 09

婚姻中的情感

今天,婚姻、情感等两性问题已经成为现代人最大的问题之一。

2019年,腾讯企业智库发布了长达205页的《2019—2020中国互联网趋势报告》。

其中,有一条报告显示,2019—2020年互联网用户调查:结婚率降至7‰,这个数据足以说明现代人的情感问题已经成了社会矛盾中的主要问题。

而婚姻中的夫妻俩,如果不能妥善处理情感问题,婚姻就很容易出现裂痕。

最常见的就是婚姻中的各种冲突以及看似无法化解的矛盾,足以令两个人手足无措,并且也在不断考验着彼此的感情。

这时,就需要其中一方用理性解决问题,更需要两个人共同面对婚姻中最真实的自己。

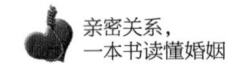

一起吃个"巨辣"的火锅吧

影响婚姻情感的第一要素是什么？可能大部分人首先会想到：钱。

有人说，有钱能使鬼推磨，有了钱，就能住宽敞的房子，开豪华的车，买各种名牌。只有有了钱，才能过上无忧无虑的生活，才不用为下一顿饭吃什么而发愁。也有人说，钱有什么好，金钱是万恶之源。有了钱，爱人就容易出轨，家庭就容易产生纠纷，有了钱，人就会飘飘忽忽不肯脚踏实地。家庭生活中如何更好地处理金钱和情感的关系呢？

R，男，42岁，互联网企业高管，孩子15岁。

R下班之后，堵在街道上，看见街旁的火锅店人满为患，这家新开的火锅店人气很旺，都排队排到街上来了。这让他回想起，自从结婚有孩子之后，夫妻俩好久没来外面就餐了。于是他拨通家中妻子电话："老婆，我公司附近新开了一家火锅店，要不你今晚别做饭了，咱一起吃个'巨辣'的火锅吧。你不是最喜欢吃辣么？"

"得了，你快回来吧，吃一顿够我买一礼拜的菜了！"妻子在电话里面冷言冷语，挂了电话。不知怎么的，R心中十分堵得慌，烦透了妻子的这句话和冷不丁地挂自己电话，他回拨了过去。

"咋啦？"妻子问。

"能不能别只知道省！除了省，你还会做什么？"R对着电话怒吼。

电话那头没有声音了。

妻子十分委屈，妻子深知丈夫的工作压力有多重，才会经常将职场焦虑转移到自己身上。她只要一想到丈夫工作辛劳，就不忍心花钱。别人的妻子都喜欢奢侈品，而自己省吃俭用居然错了？想到心酸处，大哭起来。

R发完脾气后，心中十分愧疚，但又不知道如何劝住妻子的眼泪。心中苦闷，找到我倾诉。

"你知道的，我并不是想指责她节俭错了。"R说。

"我明白，你是想表达，不要一味节省而失去了生活乐趣。"我说。

"对啊。你说我们的孩子也大了，在学校寄宿。我们俩再不组织一些我们自己的活动，生活每天日复一日，真的太枯燥了。我又不是一个想去寻找刺激的人，我只希望我的妻子能主动约我看场电影、吃顿饭。调剂一下生活，仅此而已，过分吗？"

"如果她是一个奢侈的妻子，每天都要有生活情趣的人，你会如何？"我问。

"那我也受不了。结婚这么多年，哪能做到每天都有新花样。况且我还有这么大的工作压力。一个浪费的女人，会让我压力更大。"

"所以，现在的情况是，如果太奢侈，你会难以承受。太节俭，你觉得没有生活情趣。"

"是的，是不是有些难伺候？讨人嫌了吧？"R有些不好意思。

"不会，是正常的。其实适度的消费模式是让人最舒服的。既不铺张浪费，也不因为过分节俭坏了生活乐趣。"

"还是你懂。"R向我投来感谢的目光。

"不，我还没说完呢。其实女人也一样，也渴望适度的消费模式。她既希望做一个节俭的妻子，又希望能充满生活乐趣。你该不会以为有女人不期待生活浪漫多彩吧？"

"这，我倒是没想到。但是我这么回忆起来，倒是真的。我以前追

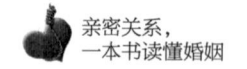

求她的时候,她可喜欢每天都有惊喜了。我们也常常去旅行、滑冰、看电影、吃火锅。"

"那你认为是什么原因导致她变了?"

"哎,惭愧。她没变,是生活压力让她精打细算,她肯定也还是更喜欢我俩没结婚之前的轻松生活。"

"是的。相信你知道接下来该怎么做了。"

"哈,买束花回家哄哄她,对她说辛苦了。希望她不会说买花还不如买颗大白菜。"

"就算说也没关系,不是吗?"

"哈哈哈,是的。也怪可爱的。"R歪着脑袋摸着头。

"你可以告诉你的妻子,你内心真实的想法。该节俭的节俭,该花的花,这就是生活。让她不要太紧绷了,她不是一个人在经营婚姻。放松下来,这不还有你吗?"

对节俭和浪费的尺度,大家各有标准,夫妻需要沟通和磨合才能达成一致,生活中必要的仪式感是调节生活的"调味剂",是否浪费需要夫妻达成共识。

成长秘钥

婚姻生活不是儿戏,勤俭持家更是中国人的传统美德。节俭是一种生活的态度,无关财富的多少。我们都知道世界上最有钱的"股神"巴菲特,已经八九十岁的人了,按理说理应尽情享受晚年时光,可他依然数十年如一日过着最节俭的生活,住普通的房子,出门自己开普通的车,并几乎捐出了个人所有财富。无论是经营现实婚姻,还是养育子女,都需要庞大的开支,日常开销不可避免。但是我们可以从态度上保持一颗节俭的心,并从生活点滴细节上去勤俭持家。以下几点需要注意:

1. 注意区别节俭和抠门

节俭是该省的省，该花的也要花在刀刃上，而抠门则是该花的钱也不舍得花，一毛不拔。

2. 有思考、有智慧地去节俭

懂得节俭的人其实都是有智慧、会使用金钱的人，他们虽然把钱看得重要，但是使用起来并不愚昧，知道应该高效地使用好每一分钱，甚至如何用钱去生更多的财。节俭不只利于品德的修炼、习惯的养成，更让我们有能力去承载更多的财富。

"处女情结"撕裂了情感

中国男人把"处女"看得很重，如果你真爱她，那么你是更想要她的第一次，还是一辈子呢？与其让"处女情结"撕裂了情感，不如用彼此对婚姻的忠诚成就一段真爱。

F，女，33岁，人事主管，有两段婚姻。

F说："我的第一任丈夫婚前有处女情结，而我在婚前曾有过三段情感经历，早就有了性生活。

最开始我以为我们是两个世界的人，都抱着不要认真的心念相处着。但我们并没有正式恋爱多久，他向我求婚，我以为他想娶我，是因为我的缘故，他已经不在乎'处女情结'这种东西了。直到某次吵架，他竟然拿这件事出来说事，我气坏了。

他跟我结婚的原因是，当时他父母逼婚逼得紧，而又找不到合适的'处女'，才娶的我。我感到人格受到了侮辱，我莫名其妙成了他暂时找

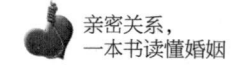

不到处女做老婆降低要求的物品。

但是怎么办？当时我怀着孕，前进后退都难极了，出现了严重脱发、失眠的问题。我恨透了他，也恨自己不够成熟就结了婚。

在我不舍得离婚的日子里，我尝试过帮他扭转观点，但是他却骂我婚前不知检点。我逐渐意识到这个男人我实在无法和他度过一生。我决心和他离婚，生下孩子，再重新出发，寻找属于我的幸福。

但孩子没过多久意外流产了，我怀疑和我那段时间心情有很大的关系，因为我整日活在愤怒、悲伤之中，肚子里的孩子怎么会健康呢？终于，我的孩子选择离开了我，我为此难受了半年才走出悲伤。

第二任丈夫是离婚后在一次旅行途中认识的。

他睿智、风趣，在了解我的一切经历之后，对我说：'我很同情你前一段婚姻的遭遇，这类男人不懂尊重女人，将女人物化。想不到现在的社会还有他这类人，如果都像他这样，时代可能要倒退。哈哈哈，如果换我，对方没有性经验，我还担心她不够成熟，不适合走进婚姻呢。'

我知道他是我要找的人。他懂婚姻，也懂爱。婚后，我们过得很幸福，在休假的时候一起旅行，在旅途中有了现在的孩子。现在我们一家三口，其乐融融，非常美满。"

所谓"处女情结"，其实是男性不自信的表现。因为处女没有情感经验和性经验，一片空白。尤其是对男性的床上互动没有要求，男性能获得自己为自己打造的"自信城堡"，是一种自欺欺人的表现。

成长秘钥

现实生活中还有很多女性为了男性的"处女情结"而去修复处女膜。

1. 因循守旧的观念已经过时

处女膜修复是一件十分可笑的事情，是女性对男性的欺骗，男性却傻傻乐在其中。两个不诚实的愚蠢之人的游戏，是十分可笑的。中国老旧的贞操观念早已经过时了，随着时代的发展，会越来越没有所谓的"处女情结"。而到了现在这个社会，其实大部分男人的处女情结已不存在，有这种情结的男人，通常是感情经历不丰富，对感情和性认知单纯的男生，实际上这是一种追求情感上相对公平的心理。

2. 女性更要正确认识"处女情结"

如果现在这个年代，我们还在用有色眼镜看待处女情结，那不只是男人的不自信，更是对女性的不尊重，是一种迂腐的思想。不懂得尊重女性成长自由的男性又怎么会懂得真正的爱呢？与其纠结着是不是处女，不如问问彼此的心是否真正爱对方，想要珍惜一段感情。

所以，我其实很高兴这篇故事中的F能有勇气找寻自己的幸福。虽然走向幸福的路，布满荆棘，但一定会到达。

娶了爱情，为什么还是会"孤独"？

有时明明两个人并肩坐在一起，中间却像是相隔着银河。有句话说得好：有些人是害怕孤独，所以选择了婚姻；而有的人则是结了婚以后反而变得更加孤独。这究竟是怎么一回事呢？

K，男，结婚三年，设计师，29岁。

K说："在这个城市里，一切似乎都与我无关。我不断尝试逃离孤独，想了许多办法。

'hi，你最近在忙什么呢？有空一起喝杯咖啡。'

'喂，啥时候一起吃顿火锅。'

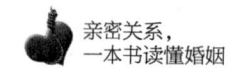

'我们一起出去逛逛吧？一起看场电影怎么样？'

'这个周末晚上要不要一起唱歌？'

'晚上下班以后撸串，不见不散！'

没结婚之前，在感到孤独的时候，总以为是因为生活的无聊，于是我迫切地约朋友吃饭，找朋友喝酒聚会。后来我发现，看起来这些隔绝孤独的办法只是外界信息堆砌起来的壁垒，是暂时让我逃避孤独的麻药，没有什么实质性的帮助。

与朋友分别以后，只会加重孤独感，陷入更深的孤独。我感觉自己不停往下坠，好像灵魂被锁在了小黑屋，苦不堪言。孤单感，快要将我的灵魂都掏空了。

孤独的路程是漫长而坎坷的。

我开始阅读，希望先哲们能给我一些启示，但是发现，沉浸在书中的时候，我好像已经脱离孤独，然而等合上书本以后，状态依旧。我去旅行，旅行过程中似乎得到解脱，回到家中，状态依旧。我去拜师，希望高深智慧的人，能帮助自己找到答案。然后却发现，他们并不能帮助到我，因为他们其实更加孤独。但与自己不同的是，他们能在孤独里自得其乐。

直到遇见了现在的妻子，一切的孤独感似乎得到了缓解，甚至有时候会忘记它。原本以为找到爱情，孤独感会消失。不料它似乎越来越强大，我深陷其中，眼看它暗流涌动将我淹没。因为它，我差点误以为孤独的感受是因为我不爱我的妻子了。但是答案无疑是否定的。

和她在一起，我很安心，想与她白头偕老。我知道那是爱情。后来，孤独感蔓延上来的时候，我选择接受孤独，把它当作是一种自己与自己相处的机会。人们所说的在孤独中成长正是这个意思吧。直到现在，我明白了，能帮助我的只有我。当我陪伴着我，我便不再觉得孤单了。

慢慢地，我发现孤独也不过如此，并不会把我怎么样。"

了解K的内心世界之后，我感慨万分。爱情，它本来就是一种能让你在她身边更加安心孤独的东西，并不是被利用摆脱孤独的工具。

K很幸运，有一个在他孤独时不打扰、静静陪伴的妻子，才有时间懂得"孤独"是什么。

成长秘钥

其实婚后每个人都会时不时感到孤独。哪怕身边有爱人，人也无法避免孤独感的偷袭。知道孤独状态的本质之后，我们对突然袭来的落寞之感，会多一份理解。

1. 再亲密的两个人也要有自己的空间

很多人在婚后都渴望对方为自己掏心掏肺、付出全部，全然不顾对方的感受，殊不知对方也许更希望有自己的空间和时间。

一段好的婚姻并不是时时刻刻亲密无间，而是需要适度的匮乏感。即再要好的两个人也要适度保持距离，这样双方才会相处得更加轻松和随性。

2. 夫妻之间的"豪猪理论"

心理学上有个著名的"豪猪理论"，意思是说在一个寒冷的冬日，为了避免冻僵，一群"箭猪"相拥在一起，互相取暖。可是它们很快就被彼此身上锋利的硬刺扎得很痛。如此一来它们为了避免疼痛，只能被迫分开。但是为了取暖，它们的身体又会再次靠近，结果又被彼此身上的硬刺扎痛。

于是，这些"箭猪"反反复复被痛苦折磨，直到它们彼此找到一个恰好能容忍对方但是又不至于彼此刺痛的距离。

"豪猪理论"同样适用于夫妻之间。夫妻两个人就像是刚好交叉在一起的同心圆，既有重合的部分，也有相互独立的地方。这说明彼此之间既有共同的空间，也有彼此的私人空间。夫妻之间只有尊重彼此的这种关系才能融洽长久。

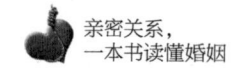

嫁入"豪门"之后

婚姻中感情是基础，是不是豪门不重要。

E，女，35岁，家庭主妇，孩子7岁。

E说："我的丈夫55岁，整整大我20岁。我们以前一起出门的时候，人家以为他是我爸，现在以为是我孩子的爷爷。我觉得很尴尬，所以现在尽量避免跟他一起出门。

我很宅，基本上在家看电视剧。孩子也有保姆接，因为每天很无聊，总是不断回想我和他的过去。当时我还是大学生，因为家里很穷，需要打工赚学费，去他公司实习。他当时已经结婚了，有自己的家庭，但是并不幸福，至少在当时他的描述是这样。

我不可救药地崇拜他的知识、能力、财富，心甘情愿地做他的情人，直到过了几年他与妻子正式离婚。他的妻子在离婚之后很快二婚了，嫁给了她的初中同学。我现在想，他的妻子似乎是为了摆脱他才离开的吧？但是为什么呢？当时我想不明白，这么优秀的男人，为什么说不要就不要？他可是许多女孩心中偶像啊。

现在的我自然知道真相，他说不爱妻子，并不是真的。因为他长期出轨，欺骗前妻，所以前妻宁可不要这奢华生活而去追求爱情。而他将自己形容得多么不幸，只不过是哄我这个无知大学生的伎俩罢了，为的是博取我的同情。

我原本以为我们之间是爱情，但是随着我对他为人的了解，自私、花心、不尊重女人等等这些毛病，就算是有感情，现在也将近磨没了。刚嫁给他的那几年，他经常不回家，钱不少给，但是态度却十分冷淡，仿佛我是家里的一件摆设似的。我慢慢发现，我竟然走了她前妻的老路，去忍受他在外面习惯性出轨。但是不同的是,她前妻有勇气离开,而我却没有。

从前,在我崇拜金钱的时候,我以和他在一起为荣。现在我要感情了,我以和他在一起为耻。我不知道该何去何从,毕竟我35岁了,我对自己的信心所剩无几,况且听说离婚对小孩的伤害也很大,我迷茫。"

这位妻子提到这位丈夫"不尊重女性",真挚的情感,只会在平等的人格之间产生。金钱或许可以暂时产生吸引力,但爱情才是维系夫妻感情的基石。

成长秘钥

当一段婚姻无法挽回和继续的时候,无论最终两个人选择哪一种相处方式,好聚好散,这是结束婚姻最体面的方式!毕竟,每个人都有选择人生的权利。

1. 纠正自己的价值观,成为真正的自己

满足物质需要是生活的基础。但是我们的精神需要会更加渴望得到满足。人随着年龄增长,对精神世界的需要越来越强烈。我们需要伴侣的关心和尊重,需要自己是一个有价值感的人,而不是像上述案例中这位妻子所提到的"物"。

2. 即便离婚,也要用一种最体面、最成熟的方式去处理

也许我们结婚的时候选择错误,但是我们离婚的时候一定要处理好。许多人也许需要通过离婚来摆脱已经破裂的感情。

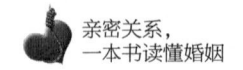

对年龄的焦虑，我险些崩溃

心思细腻、敏感的女性，一旦在婚姻中缺乏安全感，就容易变得焦虑。情绪时常崩溃，脾气暴躁，对事情容易过度担心，变得更注重他人对自己的看法，渐渐失去了自信，时间久了会对周围的人和事持怀疑态度……如不及时解决这一问题，这些负面情绪的影响会逐步渗透到女人的家庭生活中。

Y，女，42岁，美容院老板，结婚14年，孩子9岁。

Y说："最近我吓到了，我竟然长了几根白头发。我多么会保养啊，为了保养我花了很大的代价，无论是精力还是金钱。虽然我身边的朋友许多在前几年就长白头发了，但是我依然不敢相信这事会发生在我身上。

我为许多女性服务过，帮助她们保持魅力。我是她们心中的美丽专家，我不允许年龄在我身上留下痕迹，这对我打击太大了，我会失去我用心经营的美丽事业，那样我就成了无用的老女人了。

我已经许多晚上失眠了，也忍不住对丈夫和孩子发脾气。因为他们不知道我心里的苦，尤其是我的丈夫。我老了该怎么办？他会抛弃我吗？我身边的姐妹们好多都是因为老了才被抛弃的，我不能让这种事发生在我身上，我现在感到十分难受，不敢面对他，怕他看出我的担忧，伤害我。"

在一次课后，Y专门等到学员都离去之后，找我聊到心中的苦闷。我意识到她给自己的心理负担很重，许多"可怕的后果"都是她心中想象出来的。她过分追求完美，过分在乎他人的评价，弄得自己喘不过气来。

第九章 / 婚姻中的情感

成长秘钥

后来，我在与Y的交流中，捕捉到关于她丈夫、孩子对她关心的许多小细节，但是她因为处于严重的担忧中，屏蔽了来自家人的关心。

以下是我当时了解她内心担忧之后的想法：

为什么会害怕老去？

本质在于我们对年龄有着很深的焦虑。

1. 从生理角度的焦虑

从生理的角度来讲，因为老去，青春美貌不在，颜值和身材的变形走样，使我们害怕自己失去性吸引力。同时我们担心因为衰老所产生各种疾病，我们恐惧死亡。从心理角度来讲，我们无法再像年轻的时候，能充分利用自己年龄的优势，去获得更多的机会，实现自我价值，我们惶恐时日不多，梦想难以触及。

但是，我们大可不必害怕。对年龄焦虑的人大多数都是恐惧未知。我们不知道随着年龄增长，岁月会对我们做出什么事情来，过往的经验告诉我们，别想得太美了，尽量不做期待，以便不让自己的希望落空。当然，这是很悲观的。

我们不妨换一个角度去看待年龄。年龄越大，我们越有智慧，因为我们积累了大把人生经历，足以对抗未知的风风雨雨。是的，岁月赐予我们勇气。只要我们细心发现，勇气就藏在我们的身体里面。

2. 在心理层面的预防

生老病死，自然规律。对于疾病的预防，在心理层面只需要保持轻松愉快，对人宽容有爱，心平气和。在生理层面注意平时多锻炼、多步行，增强身体活力，疾病自然远离我们。

关于死亡，没有人能与之抗衡。我们倒不如放下对年龄、对分离、对死亡的恐惧。它们该来便会来，我们强行将它们关在门外，自己在门内抓

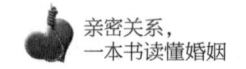

狂痛苦，不是比死还难受么？

3. 关于年龄越大越会失去性吸引力的焦虑

每个年龄段都有各自的风采，应该享受年龄增长所带来的豁达，享受岁月在自身起到的美妙反应。让自己举手投足，皆是风范，散发魅力。

多大年龄做多大年龄该做的事，何必将自己的命运捆绑在青春上，可悲地交由他人来定夺。

长期家暴，我身心俱惫

家庭暴力，简称家暴，是指发生在家庭成员之间的，以殴打、捆绑、禁闭、残害或者其他手段对家庭成员从身体、心理、性等方面进行伤害和摧残的行为。

家庭暴力直接作用于受害者（通常是女人）的身体，使受害者身体上或心灵上感到万分痛苦，受害者往往同时损害了身体健康和人格尊严。

M，女，26岁，文员，结婚3年，孩子2岁。

M说："在女儿还是婴儿的时候，他就打了孩子一耳光，然后重重地把孩子放进摇篮里，只因为孩子的啼哭吵到了他。在孩子一岁的时候，他喝醉了酒，拿着刀在后面追赶我，我跑了一条街，才算躲过盛怒的他。

这些我都能忍，只因为我是一个收入微薄的女人，并不能为家里的经济提供帮助。所以他责骂我或者殴打我的时候我都能忍受。

直到三个月前，他突然回家。我之所以说突然，是因为他很久不回家，而我从来也不知道他什么时候会回来。

那天，我和同事们吃完夜宵，带了酒味回到家里。他一脸鄙视看着我，事实上在我发现他出轨之后，他为了证明自己没错，为了让我自己觉得是我配不上他，一直对我更加凶恶。

在我到家后不久，一位爱慕我的男同事打电话给我，说我的外套掉在餐桌上，要给我送过来。这位男同事我曾多次拒绝他的爱意，但他清楚我受虐的婚姻状况，想急于帮我摆脱似的，但我对他并没有其他意思。

也许是酒精的作用，这位男同事向另外一位女同事打听到我的住所之后，将我的外套送到我的家门口。而我去洗澡了，开门的正是我的丈夫。等我从洗手间出来，看到他像一头发疯的野兽一样对那位男同事大打出手，我愣在原地不知如何是好。直到那位男同事好不容易才挣脱逃走。

男同事逃走后，他转头看到从洗手间出来的我，双眼通红，朝我扑过来，将我按在地上拳脚相加，我险些丧命。接下来的一星期时间我都被反锁在家里，直到我的母亲与我失去联系，来我家找人才解救了我。

母亲将鼻青脸肿的我带回娘家，她不停地劝我离婚，而我什么都听不进去。"

为什么有人会家暴？

拿故事中M的前夫来说，从小他的父亲会在喝醉酒后打母亲也打他，为他做了"坏榜样"，对当时还是孩子的他产生了很坏的影响，成年以后不知道怎么做一位好父亲和丈夫。

M是一位性格温顺的妻子，在不够成熟的时候进入婚姻，接受了丈夫一切扭曲的观念，如"收入不高在家庭中低人一等"，"我出轨是因为你不够好"，这些不健康的观点在她没有独立思想下，全盘接受，不懂反抗。

成长秘钥

有暴力倾向的人，在一次施暴中，暴力因子被唤起，一逮住机会就想发泄自己的暴力，去摧毁身边的人或事。暴力倾向的人往往是个人修养

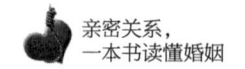

够，不懂平等、互爱的人，他们道德底线低，自我控制力差，容易用暴力解决问题。

1. 造成家暴的重要原因之一：观念错位。

中国有着一千多年男尊女卑的思想，在男主外女主内的男权制度下，女性没有收入来源，在过去一直是扮演着男性附属品的角色。男人想打就打，想骂就骂。男权社会下的女人地位极其卑微。

经过时代变迁，在现代，男女平等是时代的重要变革，女性进入社会，为社会创造价值，是必不可少的主力军。

2. 现实中的家暴不分男女，必要时用法律武器保护自己。

如今家暴，不仅仅是男性打女性，也有许多女性打男性的例子，这其中互殴的情况也不少。不管怎样，动手打人的人一定是不对的，不分男女。

面对冷酷无情的伴侣，我们要做的是第一时间逃离。在家暴后寻求法律的帮助。在2016年3月中国出台《反家暴法》，受虐待的一方可以申请保护。在心理和肉体受到威胁的人们，不要顾及面子这种无关紧要的外界压力，保护自己才是第一位的。

我是一个倒插门女婿

"倒插门"，也就是大家通常所说的上门女婿，女婚男嫁。这种婚姻方式也叫入赘婚姻。存在即合理，在我国，入赘婚姻已经有两千多年的历史，无论男娶女嫁，还是女娶男嫁，都是合法而正常的婚姻方式。从古至今，这种婚姻方式解决了独生女儿家无人养老以及家中没有劳动力的社会性问题。但是，受封建思想观念影响，大多数人总是习惯戴上有色眼镜来看待"倒插门女婿"，这让一些男人从心理上产生畏惧感。尤其在思想相对保守、落后的地区，"倒插门女婿"的日子似乎就更难过。

P，男，32岁，互联网公司职员，孩子4岁。

P说："我是人们口中所谓的倒插门女婿，我的孩子随老婆姓。关于我自己的感受，其实我和妻子的想法一样，孩子跟我们俩谁姓都没关系，反正都是自己的孩子。既然如此，还不如依了妻子父母的意愿，讨丈母娘高兴，我的妻子也高兴，家和万事兴，我这么想。虽说是如此，但是还是对远在老家的父母心中亏欠，总觉得自己没有遵从传统是不孝。

孩子随老婆姓这件事当时跟老家的父母僵持了很久，以至于家里现在还有抵触情绪。我们夫妻俩回老家，每当老人喊孩子的名字都故意还是依照我的姓氏，目的是在我妻子的面前表示不满。

妻子因此很不愿意跟我一起回老家，觉得我家里人都不喜欢她，而事实上家里人也确实挺排斥她，也没给过她好脸色。所以妻子连过年都要求留在北京，这个问题一直没有得到解决。为了自己的小家庭和谐，却牺牲了原生家庭的和睦。一边父母，一边妻子，我在中间一直调节，但双方关系越来越紧张。每当快临近过年，都是我心中最难受的时候。

我们之间发生真正的矛盾是由一件很小的事情所引起的。

今年过年本来没有打算回老家，因为担心妻子受委屈，所以留在北京过年。经过我的软磨硬泡，妻子答应在五一节时，一家三口回一趟老家，我满心期待着。

在五一前一晚，我想该收拾行李，准备第二天清早出发。但是回到家发现妻子不但不在家，行李也并没有收拾，只有歪着倒在地上半开的行李箱。我当时很受伤，觉得妻子并不关心我们回去的事情，紧接着是愤怒，想着妻子一定是回娘家去了，不想跟我回老家。

我拨通号码，妻子果然在娘家，我一顿怒吼："你怎么只知道往娘家跑？你自己没家没丈夫吗？"我将压抑着的对父母的愧疚转成愤怒一并朝

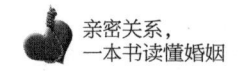

妻子发泄出来。

电话那头的妻子先是委屈，随之也愤怒起来："我回家怎么了？我就是喜欢回我自己的家，你的家我就是不愿意去，怎么啦！"而事实上，妻子并不是不愿意回丈夫老家，是记起丈夫长途坐车腰会酸痛的毛病，特意带着孩子去娘家拿药膏。因为老丈人是一位中医，家里的中药贴膏很多，心想跑一趟回家再继续收拾行李也来得及。"

这对夫妻的沟通模式是很常见的"无效沟通"。夫妻俩各执一词，不管自己内心的真正诉求，也不管对方正处在什么样的情感之下，说出来"带刺"的话。

其实，丈夫更希望看到高高兴兴准备和自己一起回老家的妻子，是希望妻子能真正融入自己的原生家庭里，对家庭和睦有着很大渴望。但是回到家，发现家里的情况和自己期待的完全不一样，产生很大的落差感，先是很受伤，然后是愤怒。

成长秘钥

其实，婚姻中很多问题并不像想象中那么严重。而无效沟通就像是一根刺，容易中伤彼此脆弱的心。上述案例故事中的问题若不能及时解决，恐怕便是"破镜难重圆""伤口难愈合"的结局。

1. 理性看待愤怒的情绪

愤怒，是受伤后的防御。人的深层心理会认为，为了让自己受到重视，使用愤怒的情绪比受伤有力量。当然，这是一个误区，因为妻子也由受伤转为愤怒。当一个人用愤怒的模式对我们，我们会很"擅长"用愤怒进行反击。这一来一去，双方产生很大的裂痕，只因为没有表里如一的沟通。

2. 怎样才算表里如一的沟通

心中体会到什么，就说出来，让对方知道。如这位丈夫可以说："你是不想和我一起回老家吗？我感到很难受，觉得你不重视我。"而妻子会回答："没有啊，我是过来替你拿药膏的，我担心你在路上会犯腰痛。"

瞧！误会解除，情感增进，多么简单。

面对问题多沟通，想办法解决问题。

遇到了问题，不要一味地回避，要把问题暴露出来，然后找出解决的办法。在生活中总是会遇到各种各样的问题，解决一个问题，我们的生活就会向前跨一步。在婚姻中，双方难免会有一些摩擦，在问题出现时，夫妻间要多沟通，找到问题的根源所在，然后互相帮助，将问题解决掉。

3. 撕掉面具，坦诚相对

要卸下彼此的防备心理，坦诚相对，在沟通中彼此之间建立一座互相信任的"心桥"。两个人生活在一起，朝夕相处，就要坦诚相对。夫妻间没有什么可以隐瞒的，既然相爱走到一起，有什么事情不能沟通呢？

摘掉那些面具，面对爱人敞开自己的心扉，在沟通中建立起一份信任，在交流中架起一座心的桥梁，连接夫妻之间的心灵。那样，我们的婚姻才会更加美满，更加幸福！

因为偏见导致的"战争"

俗话说，夫妻之间"床头打架床尾和"。在日常生活中，夫妻二人往往为了这样或那样的小摩擦发生矛盾，若是谁也不甘示弱，抓住对方的错误争吵不休，很可能使矛盾激化，夫妻关系更加不和谐。现实生活中遇到

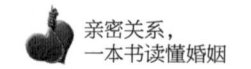

这些问题的时候就要适时放对方一马，不要揪住小辫子不放，引发更激烈的"战争"。

善莫大焉，对于犯错的另一半，要给他改过自新的机会，同时也展现自己的大度和宽容。

H，女，35岁，乐器厂主管，孩子9岁。

H说："最近我与丈夫正在闹离婚，亲友纷纷劝阻也不见有和解的意思，导火索在于夫妻都有各自的偏见。

最近因为丈夫忙于打理自己的生意，厂里面工作也较忙，我拜托乡下的母亲来照顾9岁的孩子。因为母亲保持着乡下的习惯，所以总是让丈夫感到头疼。

比如，母亲洗碗舍不得用洗洁剂，抹布上总是油嗒嗒的，丈夫对此总有抱怨："你妈碗都洗不干净，你能不能叫妈别洗了。"再比如，母亲洗澡的时候会用桶把水接起来，里面放个杯子，冲厕所的时候往里一杯一杯舀水。丈夫看见也十分不喜欢："洗澡和冲厕所用不了多少水，你妈这是干什么啊！乡下人就是奇葩。"

虽然我理解丈夫在城里长大，对母亲的许多习惯不接受，但是作为女儿，哪里经得起丈夫整天抱怨自己的母亲？如果说之前的抱怨，我都能忍，但这句'乡下人就是奇葩'使我在忍耐了许多之后终于爆发了。

'你能别总是你妈、你妈、你妈的行吗？你到底有没有把我妈当成你妈？没有我妈哪来的我？我妈这么节省一辈子了，到老了还要强迫她改吗？还有！什么叫乡下人都是奇葩？你们城里人好，自己没多大本事，倒是很会利用一些地理优越感打压别人。你要去更大的城市，人家也把你当乡下人。'"

当H转述吵架的内容给我听后，我在想，似乎每一对夫妻在吵架时，都会将每一句话变成刀子直插对方的心脏，恨不得将对方置于死地。

在我劝H冷静下来之后，连续问了几个问题。

"结婚的时候你的丈夫有嫌弃过你的出身吗？丈夫最近工作有什么压

力吗?他以前是一个带有偏见的人吗?"

"我们是因为爱情结婚,当时异地恋了3年,我回到老家看我妈时,他跟了过去,丝毫没有嫌弃我老家破旧的小屋。他以前不是一个带有偏见的人,处处宽容有爱,也不知道最近怎么了。哦,我妈来之前大概听他提起,合伙人要撤资另起门户。我妈妈来之后我因为忙,把这事给弄忘了,难不成是因为这个事他开始口不择言?"她说完拍了拍额头继续说。

"我为了维护立场,也反击了他,用的也是带偏见的话语。说的那些话好像是已经忘了他的为人似的,其实他是什么人我最清楚不过了,我当初就是看中他的品行嫁给他的。我现在赶紧给他打个电话问一下公司的情况,安慰一下他,看能不能帮上忙。"

其实我发现,许多来找我交流婚姻困扰的夫妻们,自身都有将婚姻经营好的能力,而我只需要做一面把她们内心想法呈现出来的镜子就好了。两天之后,H打电话给我,说与丈夫和解了。夫妻俩都清楚自己因为工作的压力而忘了静下心来沟通,导致误会越来越多。

成长秘钥

其实在夫妻生活中,经常会因为对方借小事攻击自己而加倍反击,弄得双方都苦不堪言,遍体鳞伤。很多时候我们需要了解对方为何突然变得"不可理喻"了,而不是将战火越烧越旺,以至于不可收拾。

我相信没有一对相爱的夫妻,不是满怀对未来的憧憬而结合的。只要能化解矛盾,都不愿意撕裂这份来之不易的感情。H的故事中,将丈夫想成了一个带有偏见的人,以至于"以其人之道,还治其人之身"。让人欣慰的是他们后来矛盾化解,了解彼此是一场误会。

一对再恩爱的模范夫妻,结婚之后也难免因为一些柴米油盐、鸡毛蒜皮的事而吵架,心理学家认为,当一个人失去理智、在气头上的时候,说

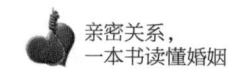

出的话常常不经慎重思考，很容易说一些难听刺耳的话中伤对方。虽然过后仔细想想并非大事，可那些刺耳的话却再也收不回来，成为对方心中的小疙瘩，长久下去，发展成为夫妻关系越来越不融洽的症结。

若想让幸福婚姻重新上路，就必须学会及时"踩刹车"。我的建议是：

1. 不要追究绝对的对错输赢

夫妻之间拌嘴吵架，没有谁是谁非谁输谁赢之说，适当地做出让步和妥协才能让"战争"停止。如果彼此都拒不让步，越吵越厉害，伤害的言语也会越说越多，结果只会令彼此的心渐行渐远，婚姻亮起红灯。

婚姻是爱情的延续，彼此都爱着对方就不要为了一些小事说出个对与错。有时因为太爱了，为了守住这份情，才会对另一半的言行太过敏感。面对婚姻，我们应该充满信心，对彼此放心，打消对另一半的不安。记住，多用你的敏感体会点滴的美好生活，而不是一味地把你的敏感发挥到最大。也许他的言语让你感到他不爱你了，也许他的行为让你感到他在远离你，这时我们需要做的不是把事态扩大，而是用你温暖的心，点亮生活中点点滴滴的美好。

2. 另一半犯了大错，如果诚心悔改，也可以考虑接受

婚姻过程中一些错误，对方可能为了自己的一时享受和私利，忘记自己已经有了家庭，干出一些超越理智的事情，必定会使你大发怒火。当对方幡然醒悟请求你原谅时，你不妨考虑一下，因为婚姻生活不只是平平淡淡，有时也会有电闪雷鸣、暴风骤雨。我们是选择彼此在挫折中心灰意冷，还是给彼此温暖撑起爱情的大伞走出阴霾？请冷静思考后再做决定。

3. 用一颗理解包容的心化解夫妻矛盾

"前世修来同船渡，百世修来共枕眠"。夫妻间闹矛盾也是很正常的事，有什么问题应该心平气和地谈一下，夫妻之间应该互相体谅，化解矛

第九章 / 婚姻中的情感

> 👍 盾包容对方，会发现对彼此了解更深。彼此是陪伴自己一辈子的人，在包容理解下多体谅对方，会使他感觉到婚姻的幸福，哪还有理由和心情来破坏这么幸福美满的婚姻呢？

第十章 Chapter 10
父母对孩子的影响

照看孩子是一件需要耗费大量时间和精力的事情，不光是人类如此，绝大多数生物都是这样。成为合格的父母是一件非常辛苦的事情。父母之间的感情对孩子所产生的影响非常巨大。孩子在今后的择偶以及婚姻过程中都会受到幼年时期自己父母之间关系的影响。这些都是对孩子的无意识行为影响，而这些潜移默化的影响要比很多言行教育更为重要。

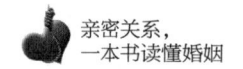

被嫉妒心所吞噬的孩子

当孩子出现嫉妒心理，就会表现出闷闷不乐、不高兴的情绪，甚至会产生对抗、攻击父母的行为。如果家长不好好进行引导教育，可能就会影响孩子的心理健康！

有句话说得好：一棵树嫉妒另一棵树时，恨不能自己变成斧头。

当孩子内心的嫉妒心达到某个极限值时，就会产生破坏性心理甚至自我毁灭的消极想法。

L和G住在一个单位大院里。

他们的父亲都是一个单位的同事，曾经为了竞争一个晋升的职位闹过矛盾，后来是G爸爸升官了。所以L、G两家现在基本上是貌合神离，仍是一直在暗地里较着劲。

L和G从小是同学，L妈妈经常对L的教育是："你一定要超过G，给咱们家争气。"从那以后和G较劲的种子就在L心中生根发芽了。因为孩子从小没啥辨别能力，通常母亲的指示就是所谓的真理，不管那真理是否正确。

从此以后，G做什么，L都要赶超他。老师们喜欢G，L一定要想方设法去讨老师喜欢。倘若哪一次老师批评了G，L可以为此高兴好几天。G暗恋班上一位女孩，就算L不喜欢这位女孩，也要暗中写信去破坏一番。L总想在一切事情上胜过G，不惜变得恶毒。

是的，L的世界只有和G较劲，失去了自己。后来，G去学了单簧管，L也去学了。在一次演出的时候，随着音乐跌宕起伏，曲罢观众拍手叫好，L却突然哭了，因为他根本高兴不起来。G在演奏的过程中去享受，而自己又是在做什么呢？

L开始抑郁起来，不知道自己人生的意义到底是什么？是一直和G比较吗？那自己的人生还有什么意思？

因为L妈妈的比较心，把嫉妒从黑暗中放出来，并且激活了。L的心理发展是源于不断与G比较，而愈演愈烈的嫉妒心蒙蔽了双眼，忘了自身所具备的优势，而陷入了盲目与无知。

成长秘钥

人为什么会产生嫉妒心理？

1. 和家庭环境有关

嫉妒心和我们所处的家庭有很大的关系。也许嫉妒心暗藏在每个人的心底，但在一个充满智慧的家庭里，父母会善于将在嫉妒之前的比较心转化为孩子健康前进的动力，而不是阻碍身心发展的绊脚石。

2. 人们总是习惯性地比较

哲学家弗兰西斯·培根曾说过：嫉妒总是与一个人的自我意识所做得比较交织在一起，没有比较，也就没有所谓嫉妒。没有美德的人总会嫉妒别人身上的美德。当其他人没有希望获得美德时，就会捕捉美德者的不幸，以获得平衡。

一个人嫉妒身边飞黄腾达的同辈人，是因为事业有成的人与我们从小一起长大，环境都一样，但对方事业蒸蒸日上，他们的成就等于显示我们的运气不好，这让我们难以释怀。

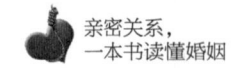

如果父母告诉我们："你已经做得很好了，你只需要完善你自己，不需要与他人做比较"，那么孩子不会被嫉妒所控制，也不会失去自己的人生乐趣。

3. 孩子是父母的缩影

有强烈嫉妒心的孩子，必然会有一位强烈嫉妒心的父亲或者母亲，最糟的情况是双亲都如此。如果此刻的你正被嫉妒之火灼烧着，请记住：朴素而坦率，是我们避免被嫉妒最好的秘诀。

4. 让孩子摆脱嫉妒心理的方法

嫉妒心通常源自负面评价和比较。其实在父母眼中，每个孩子都是宝，要适当给予孩子鼓励和赞美，而不是拿孩子与"别人家的小孩"做比较，更不要用自己孩子的短处去和其他孩子的长处做比较。父母"恨铁不成钢"的态度往往是孩子产生嫉妒心的源头。父母应该教育孩子，竞争中总有输赢，不要因为一时的输赢和不如意就妄自菲薄，无论什么境遇，努力成为更好的自己才是最重要的。这样才能让孩子感受到被重视，从而摆脱嫉妒心理。

人生输赢不重要

教育是一门大学问。如何才能让孩子在物欲横流、适者生存的残酷世界里，树立正确的价值观、人生观，是每位父母的必修课。

当然，在教养、品行、学识方面，我们要让孩子不断修炼。但是也别忘了告诉孩子，人生的输赢不重要，努力的过程才最重要。

D，女，一个生活的旁观者。

这是一个关于教育影响孩子一生的故事，D作为观察者看到自己表姐人生的转折，内心波澜起伏。

"我舍不得吃，舍不得穿，加班加点工作，供你读书。你难道不该听我的话吗？"D小时候住在姨妈家，最常听到的就是她对表姐说这句话。每当表姐表现出"忤逆"姨妈的时候，她就会说这句话来使表姐沉默。

表姐前一刻还咋咋呼呼，听到这话就像按了暂停键一般愣在原地，姨妈对此十分满意，屡试不爽。表姐回到房间，看到D，无奈地耸耸肩，那神情用现在的话来说就是："我能怎么办呢？我也很绝望啊。"

后来表姐大学毕业，远嫁他乡。D记得表姐在大学的时候有本地的同学追求过他，她也十分喜欢，临结婚的时候却嫁给了另外一个外地的同学。这峰回路转的结局，D有点搞不懂。

"其实，说喜欢，两个同学我都喜欢。但是爱呢？其实都没有。"表姐说。

"那你为什么还要那么早结婚？不等爱情呢？"D问。

"因为嫁人之后我就可以远离我妈了。还没毕业她就安排我在家附近的单位工作，忙着介绍领导家的孩子给我。而且，我实在不想再听到'我舍不得吃，舍不得穿，加班加点工作，供你读书。你难道不该听我的话吗'这种话了。我只希望不被她逼疯。"

当时的D在读初中，忙着准备中考。姨妈整天劝诫D不考出好成绩这辈子就完了，所以D也没有工夫细想表姐到底为什么会那么想。

直到昨天听说表姐突然离婚了，D才细想明白。

姨妈犯了三个作为母亲不该犯的错：

· 用牺牲来控制孩子；
· 用道德约束孩子孝顺；
· 帮孩子做选择。

这三个错误，让表姐急着逃离家庭，哪怕冒着尚未成熟的风险去嫁给一个不爱的人。

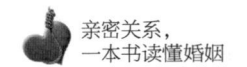

姨妈在表姐还没毕业时就为表姐安排好一切，其实十分自私。相当于姨妈为了自己享受了两辈人的选择，牺牲表姐的选择权。人生在世，如果一切事情都是父母安排好，那还有什么意思？

成长秘铜

人生输赢不重要，重要的是自己在下棋。可是，在现实中，又有多少父母能真正认识到这一点？

1. 父母为何要把自己弄得很惨

我认识的许多父母总是把自己弄得很惨，整天在讲"我吃不好、喝不好，就是为了孩子"这样的话来控制孩子，其实就是想让孩子丧失自主能力和道德勇气。表姐当年潜意识里的念头是"我不能忤逆你，那样会显得我不孝，那我逃离你身边总可以吧？"

2. 给孩子高品质的爱

孩子如果在家庭里获得高品质的爱：被肯定、被尊重、被关爱，孝顺是自然而然的。不需要父母一而再再而三强调，你要孝顺，不然多么差劲。一个心中有爱的孩子，会懂得爱情、亲情、友情。

做出选择之后也许会成功，也许会失败，但都是自己做出的选择。如果我们感到痛苦，只需要父母做我们的港湾就好，外面的风雨彩虹，我们要自己经历。

第十章 / 父母对孩子的影响

不想上学的孩子

有一天,朋友在她的朋友圈分享了一段小视频:

女儿不想上幼儿园,父母无奈之下,将孩子装在一个蛇皮袋里,强制性地送到了校车上。

相信现实中很多父母都没见过这种操作,就连负责接孩子的幼儿园老师也是一脸错愕,哭笑不得。说实话,当时看到这个小视频时,我并不相信。因为在我的印象中,她的孩子始终是成绩很好、做事乖巧的"三好学生",至少,应该不是个让人操心甚至不想上学的孩子。

后来,朋友隔三岔五打来电话,向我诉说自己的无助。我仔细想了想,劝说道:"孩子成长到某个阶段以后,逐渐开始有了自己的想法,这其实是件好事。"的确,与其用强制性的手段把孩子送去学校,不如先弄清楚,孩子到底怎么想的,究竟为何不想去上学。

J,男孩,13岁。

J妈妈说,J已经1个月不去学校了。奶奶哭了,爸爸也劝了,妈妈好坏话也说尽了,J就是不去上学。原因是J的父母长期冷战,不和对方说话。

我问J:"为什么不想去上学?"

J告诉我:"我的爸爸经常出差不回家,好不容易见他一次,妈妈却把我关在书房里。妈妈整天只希望我学习,从来不让我去玩一会。我以前还有礼拜天可以去找同学玩,现在连礼拜天也没有了。最近更过分,连周一到周五下课放学回家之后都得去补习。"

"补习之后你的成绩有提升吗?"我问。

"没有,反而变差了。本来就没有时间玩,只好在补习班和同学一起玩。"J耸耸肩。

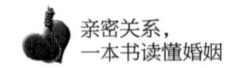

"补习班老师不管你们吗？"我问。

"管啊，但不会真管。如果我们不愿意去了，他怎么赚培训费呢？"

我吃惊J的现实，继续问："你既然不想去，为什么还要让妈妈花钱补习呢？"

"哎，这不是敷衍她吗？我去补习她反而高兴一点。再说我去补习了，也不用听到我不想听的话了。"

"什么话？"

"说我爸爸这不好，那不好，处处都不好的话呗。我很爱我的爸爸，妈妈说爸爸不好，我心里不舒服。"

"既然你这么想，为什么最近连学校都不去了？不担心了吗？"

"还不是因为他们不让我省心。现在爸爸好不容易回家了，他们却整天吵架，有一次还打起来了。当时我在场，拦在中间，他们才没把对方掐死。您说，如果我去学校，家里出事了怎么办？"J说。

我突然开始很心疼这个孩子。原来他是因为不放心这个家，才不去上学的。"你怎么不把这些话告诉你的父母？"我问道。

"他们会说这是大人的事，叫我别管。但是您说，我能不管吗？"J气愤地捶了一下胸口。

成长期的孩子们的心理世界：对孩子而言，家庭吵架，就像世界大战一样可怕。

成长秘钥

孩子往往是对家庭最为忠心的，如果家庭出问题，孩子会替家庭生病。他们深层想法是：我不能走向社会，我不能去学校，也不能去交朋友。我需要盯着这个家，不然它会毁掉。

1. 多留意孩子的心理健康和情绪情感问题

在一个健康的家庭里面，母亲的功能是给孩子安全感：你无论遇到什么挫折，妈妈都会陪在你身边；父亲的功能是给孩子价值感、能力感：你可以像爸爸一样，有勇气探索世界，实现属于你的价值。

过度关心孩子的学业以及是否争气，而不在乎孩子的情绪情感（如学校有没有遇到不开心的事？有没有什么困扰？发生了什么好玩的事情？父母的感情伤害到你了吗？），单方面的重能力而不重情感，会让孩子抗拒父母的关心，从而排斥学习。只有家庭和睦友爱的氛围，孩子才能安心去学校学习、结交朋友，成为一个自信、仁爱的人。

2. 多给孩子一些善意的提醒和价值观的正确引导

如果孩子某一天真的不想去学校，不妨尝试性地引导：

首先，给予孩子理解："你有了自己的想法，说明你已经长大了。妈妈很理解，以后我就不用太为你操心了。但妈妈必须告诉你一个残酷的现实，那些耳熟能详的成功人士，除了机遇的垂青，大部分都是靠脚踏实地努力去实现理想的。而完成学业则是最基础的一步。"总之，用正确的思维和方法纠正孩子的"上学无用论"，引导孩子相信知识的力量。

无法恋爱的32岁男孩

很多男孩不知不觉到了适婚年龄，至少他觉得自己应该有个女朋友了。有一天，他真的遇见了"命中注定"的那个女孩，可是另一个声音却对他说："你不能恋爱！你恋爱了，你妈妈怎么办？"

我想，其实很多父母在养儿育女的过程中都忽略了一点：孩子的确是

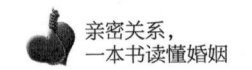

你们生养的，但孩子并不属于你们任何人。孩子只属于他自己。你把他带到这个世界上，但是这并不意味着孩子就从此成了你的私有物品。

只有明白了这一点，父母才能摆正自己的位置。

N，32岁，国企员工，未婚。

N所在的国企是一家保密机构，一般人是很难考进去的。所以J在工作能力和学习能力这一块，是毋庸置疑的。同时他的颜值也是很高的，因为遗传了漂亮妈妈的基因。

他无法恋爱的原因不在于他的外在条件，而在于他的内在原因。这几年他被安排了许多次相亲，却没有一次成功的。并不是他看不上对方，而是女方在和他接触之后，会果断选择不来往。

到底是什么原因呢？

这要从他的家庭模式说起。他的父亲是一位当年有名的企业家，生意做得红火，为人也仗义。母亲是当地出名的美人，出挑迷人。他父母的结合在当年是一段佳话。

因为父亲的经济实力，母亲做起了全职太太。我在这里声明一下，并不是说全职太太都会出现以下的情况，而是一个角色单一的全职太太很容易出现以下情况。

全职太太的母亲舍弃了其他社会角色，将自己全心全意地放在妻子、母亲的角色上，将所有的注意力都放在父子俩身上。从心理学上讲，一个健康的个体，要在家庭角色之前先是一个独立的个体，如一个有自己兴趣爱好的人，一个从事某种社会生产价值的人，然后再是一位妻子、一位母亲。但是她的母亲并不是，她的角色变得很单一。

接下来的岁月里，他的父亲受不了母亲的过度管控，而通过繁忙的生意逃离这个家，而他却不行。母亲将一切从父亲那里得不到的反馈都要从他这里得到。

比如母亲做了一顿饭，父亲可能无法赞美母亲，而作为儿子的他察觉到母亲的失落，便会赞扬。母亲对此欢欣雀跃，加强了他这么做的动力。

若哪一次他没有赞美母亲的厨艺，母亲简直会崩溃。久而久之，他每一件事都要在乎母亲的感受，包括长大以后的恋爱。

那么问题出现了。一个女孩想要交往一个男朋友，但这个男朋友事事都要遵循母亲的意见，恐怕是没有哪一位女孩能同意的。而反过来，习惯控制儿子的母亲，也对他选择的女孩评头论足，哪里好哪里不好，都需要母子俩商量之后再做决定。

这不仅让女孩儿们觉得这个男人没有主见，也让女孩们觉得自己不受尊重，更担心今后的婆媳关系。所以，这就成为他一直不能成功开启一段感情的原因。

成长秘钥

这一节的话题又涉及我们在前文中讨论过的"妈宝男"话题。其实，男人以母亲为由拒绝恋爱也是"妈宝男"的一种。这种做法不等于孝心，只会让妻子无法忍受，而当事人又不知道该怎么办。

1. 母亲不要试图用控制欲体现自己的价值

作为母亲要解决这个困扰，需要意识到孩子有他们自己的人生，不要试图通过控制孩子来完成自己的价值感。而作为已经被控制的孩子，需要明白自己已经长大成人，有自己的家庭，不要将原生家庭和自己的核心家庭混在一起，需要有一定的界限，父母有父母自己的人生，有属于他们的生活。

2. 注重孩子青春期教育

预防以上情况的发生可能要在青春期时父母就开始做工作。青春期的孩子通常会愤怒，因为父母理想化形象的坍塌，如父亲无所不能，充满力量的儿时印象，回头一看，爸爸就是普通人，于是第二个反抗期来了。他（她）们暂时会忽略父亲身上很多优点，产生愤怒的情绪。但适当的愤怒

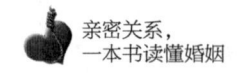

是有必要的，可以帮助孩子去探索外部世界。因为离开父母会心生愧疚，很难迈开步子。没有愤怒情绪推动，孩子会过度黏在家庭里，不利于成长为一个社会化的人。

3. 尊重孩子的选择，不把孩子当作私有物

对待孩子，第一不可冒犯他们，第二不可轻视他们，这是世界家庭教育之母夏洛克一个风靡全球的理念。

何为冒犯？做了不该对孩子做的事情，这就是冒犯。例如，明明不需要发怒，却用语言中伤孩子敏感脆弱的神经。

何为轻视？没有为孩子健康成长做该做的事，这就是轻视。为人父母，我们要找到一种适合与孩子融洽相处的模式，和孩子一起成长，但是孩子永远是自由的，他们不是任何人的私有物。

第十一章 Chapter 11
夫妻携手成长

现代社会中，不管是男人还是女人，即便结婚以后，也希望自己能和另一半始终热度不减，让爱情保鲜。那么，夫妻之间的『共同成长』就需要夫妻两个人共同努力携手完成。倘若只有一个人单方面的付出，恐怕夫妻之间的感情好不到哪儿去，也不会长久。严重的话还会因此亮起红灯。

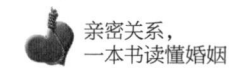

为什么说过分理智是在麻痹自己的感受？

过于理性有时也代表着"错过"。譬如有些很宝贵的感情经历，往往会因为理性地克制而让彼此失去机会。当你走到人生的某个阶段就会发现，比起他人多彩烂漫的人生，似乎自己的人生因为过于理性而失去了美丽的画卷。也许你感受不到有多么悲伤，但就是觉得自己的心是空的，时间久了，自己最真实的感受也被麻痹了。

W，女，30岁，培训机构主管，恋爱3年，结婚1年。

W说："我先生从小很爱出汗，无论夏天还是冬天，只不过夏天出得更严重罢了。求医无果，为此他心中会十分介意别人嫌弃他出汗体质。

去年12月，他感冒了，挺严重的，一直咳嗽。他依然要坚持开窗户，导致感冒一直好不了。我明白，开窗的原因之一确实是因为他真的很热，另外就是先生怕一直冒汗引起我的反感，想要开窗让风吹干汗液。但是，大家都明白，在重感冒的时候吹冷风无疑使病情加重。

我意识到爱流汗的毛病是他的心结，我们急需要打开这个心结。因此，我们展开了讨论。

我：'你会因为自己出汗，而害怕别人嫌弃你吗？'

他：'会啊，这是实话，我挺介意别人嫌我出汗这事的。'

我：'其实，你不是害怕他人嫌弃你，而是你自己没有接受自己。一个人如果没有真正接受自己，就会永远活在介意他人嫌弃自己的心境里。事实上，每个人无论是身体还是精神都会有不足之处，人无完人。我问你两个问题吧：

1. 一个残疾的人如果介意别人嫌弃他身体不健全，他要怎么开心起来？
2. 霍金只有眼珠和手指能动的时候，他是怎么完成著作的？'

他：'第一个问题，需要这个残疾的人调整好心态，不在乎他人看法；第二个问题，需要霍金的毅力和决心，忽略身体的不足，他很有勇气。恩，亲爱的。我明白你问题背后的意义，但是你没找到我心中的重点。'

我：'那么请问你心中的重点在哪里？我的问题有什么不妥吗？我这不是想启发你正确看待自己，不要过分关注外界的看法么？'

他：'是啊，我明白你的心意，但是你不需要分析那么多，你实在太理智了。你其实只需要告诉我，不管别人介不介意，你是不会嫌弃我的，就好了。你看，其实，就是这么简单，我就会很开心了。'

我：'我当然不会嫌弃你。我爱你。'

他：'我也爱你，是的，我其实只要听这简单的一句，就心满意足了。'"

这个故事给我很大的启发。自从我开始做培训老师以来，常常过分喜欢引经据典，大量地用逻辑分析周围的人与事。而忽略了情感使理智完整。过分地关注理智，只在乎逻辑，而不管人的情绪，恰巧是最不理智的。

成长秘钥

人们通常很容易弄混超理智和智慧。因为超理智者的言行都要求自己尽善尽美，不要有些许的瑕疵，喜欢运用复杂的术语和理论依据，从而获得知识富足的优越感。

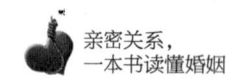

1. 超理智者往往能言善辩

过分的理智，是指人常常仅仅关注环境背景，沟通仅限于数据和逻辑水平。滔滔不绝地发表看似绝对正确的意见，显得明智而能言善辩。

2. 超理智往往是孤立的

这类型的人绝不允许自己表达任何的情感感受，这其实是超理智型的一种防御机制，因为他们坚信情感会让他们暴露脆弱的一面。所以他们会近乎强迫地使自己显得智商优于常人。

讨好型伴侣十分危险

"讨好型"，即为了得到对方喜欢，能够让对方满意，故意做出相应的、迎合对方的行为。

就算自己明明不喜欢，心理上是拒绝的也会无底线退让、付出。例如，有些女人结婚后只知道围着老公转，她的世界里只有老公一个人，无形中迷失了自我。似乎活着的意义就是为另一半奉献自己的一切。这种类型的伴侣，无论男女，都是十分危险的。

A，日本主妇，一个典型的讨好型妻子。

A在婚后的7年里，把家里照顾得井井有条，经常会指责在她眼中其他"不够贤惠"的女人们，直到有一天她离家出走，走的时候留下纸条："我不愿意终身献身于家务。"但在此前，一点征兆都没有，她没有显得不开心，也没有抱怨，甚至对丈夫说："和你在一起的生活，我感到很满意。"

突然她离开了，留下原地懵圈了的丈夫，压抑后的讨好型会做出很多激烈的反应。如电影《末路狂花》中主角塞尔玛，意识到长期压抑自己后人格巨大的转变。原因在于从不在乎自己内心的真实感受，把压抑当节制。

节制是美德，压抑是无知。

为什么说讨好型的人十分危险？因为Ta可能有一天会炸，在前一刻还是人们心中的好好先生或好好女士的状态下。为什么随时会炸？因为Ta时刻处在压抑的状态下，而Ta本人却不知情。

什么是讨好型的人？真正讨好型的人不是大家误以为的谄媚、奉承的人，而是那些乐于助人的人，不懂拒绝的人。他们寻求人们的认可，认为爱是有条件的，条件就是"我要足够好"。

讨好型的信念还包括：我足够有本事、我足够美丽、我足够有才华等等。对自己要求足够好是为了展示给外界，而非为了内在完善，这都属于一种讨好。他们总会想："只要我足够好，大家一定会喜欢我。"于是他们不停地去奉献，一旦长期得不到应有的回报，就会悲伤，进而愤怒。

成长秘钥

在讨好型人的世界里，示弱代表自己输了。表里如一对讨好型而言是极需要勇气的。但只要做到了直面内心，讨好型的人焦虑和压抑会慢慢得到舒缓，有助于心理健康和家庭幸福。

那么，讨好型和安全型人格的区别是什么？

1. 讨好型

常常以牺牲自我价值为代价，和颜悦色，否定自尊，从不冒犯任何人，甚至不去争取该争取的。出了错会往自己身上揽，觉得都是自己不够好造成的。

2. 安全型

表里如一，尊重内心的真实感受，把渴望表达出来，而非压抑着。

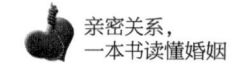

> 如生气、愤怒、害羞、难过、高兴等情绪，都可以直言不讳。无须掩饰自己，让自己显得更"好"。

为什么说指责型的伴侣让人反感？

指责是指一方通过言语、动作、行为等表达对对方的不满，背后的隐藏含义则代表着对对方的否定。例如，有些男人总是喜欢给老婆灌输大道理，"过什么情人节，怎么过，这一天不是过"，"哪个女人不生孩子，我也没看见别人怎么着，你怎么这么多事"，"买什么花，能当饭吃啊？"指责的背后其实很容易令对方理解为"我是对的，你是错的""我认为你不够好"。显然，在任何一段关系中，讨好和指责最终的结果都是负面的。

K：家庭主妇，结婚5年，刚生完二胎。

K说："最近我一直与丈夫吵架。

今天凌晨2点，二宝发烧，夫妻俩连夜把孩子送去医院。

在医院折腾了一宿，将二宝带回来的时候，大宝还在沉睡。但是不知道是不是因为洗手间的水龙头出门时忘了关上，现在家里已经水漫金山了，丈夫连忙去将水阀关上。本想抱着退烧的二宝到家倒头就睡，没想到此刻要清理地上的积水，我崩溃了。在将二宝放回床上之后，我关上了门，蹲在地上清理积水，哭了起来。

'要不是因为你，我就不会放弃我的理想。你看我们现在的生活过成了什么样？'为了婚姻放弃出国深造的我声泪俱下埋怨丈夫，丈夫无可奈何，在客厅埋着头抽烟。

'你难道不知道在装修的时候为洗手间买一个质量好的水龙头吗？这样它就不会坏了，而我们也不用在这个倒霉的时候做这件倒霉的事情了！'

'你为什么关门的时候不检查洗手间有没有水声？如果检查了，就没这回事了。'

接下来的几天，无论丈夫做什么，我都可以瞬间愤怒起来指责丈夫的一无是处。丈夫因为我的态度，决定去公司打地铺。这惹得我更加抓狂，有时甚至会谩骂，极尽泼妇之能事。

我原本以为丈夫会忍受我的歇斯底里，却不料一直以来沉默的丈夫爆发了：'是不是我做什么都是错的？是不是做什么都不能让你满意？我愿意看到孩子发烧吗？我愿意家里被水淹吗？为什么什么都是我的错？早知道我就不结婚了，这日子我跟你过不下去了。'"

当K来找我倾诉的时候，已经是夫妻俩濒临离婚的边缘了。

很显然，K是一位责备型伴侣。

成长秘钥

指责在现实婚姻生活中太常见了。而在一方的指责中，另一方感受到的则是不被尊重、不被理解，以及强烈的挫败感。

1. 指责型伴侣容易盲目暴怒

指责型伴侣激烈地维护自己的权力，不接受任何借口和麻烦；指责型伴侣的内心感受是：我决不能表现出软弱；指责型伴侣的形象在他人眼中是苛刻的、挑剔的，他们喜欢拒绝他人的请求，一有机会，就会对别人的建议提出反对；指责型伴侣不愿意承认自己的错误，如果暴露出自己不够强大，会感到生不如死。指责型伴侣不断地寻找他人的错误，进行指责。

因此指责型伴侣的面部表情往往是严肃且冷漠的，这让指责型伴侣看起来很难亲近。由于这种状态的不断持续，所以指责型伴侣容易陷入盲目

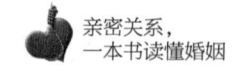

的暴怒之中。

2. 指责他人是希望寻求帮助

其实指责他人的时候，指责型伴侣是在从内心呼喊，渴望寻求帮助。是希望自己的生存是有价值，而且值得尊重的。这一点与讨好型并没有什么不同。只是外在的表达方式不一样而已。

3. 指责型的伴侣，自信且孤独

按家庭治疗室萨提亚女士的观点来说，指责型的伴侣，是非常有自信的人，但是非常孤独。

当我们感到愤怒，不满意他人的时候，我们需要冷静观察自己的情绪。想想我们为什么要攻击他人，用我们的愤怒情绪去惩罚他人？我们是渴望受到尊重，让自己显得成功，不是吗？然而，想用呵斥他人而获得尊重只能离这一目的更加遥远。因为哪里有打压，哪里就有反抗。指责他人往往只能让我们更惹人厌，不会因此获得尊重。

什么样的人可以在婚姻中享受自由？

追求自由是每个人心中的向往。即便是结了婚，每个人也都有渴望自由、享受自由的权利，无拘无束去做自己想做的事情。只是婚姻中的自由应以自律为前提，因为婚姻不仅代表着一个人的归宿，同时也意味着婚姻里的人都有共同守护家庭的责任和义务。

W：女，小说家，恋爱2年，结婚3年。

W说："我目前就是在做自己喜欢的事情——写小说。找到自己喜欢的行业，这个过程非常曲折。我经历了：自我否定——盲目膨胀——悲观厌世——重燃希望——再次学习——实践探索——梦想初露曙光——牢牢抓紧热情——坚持。

大概讲一下这个发现过程吧。但是每个人发现"真爱"（终身所爱的事业）的方式不一样，仅供参考。我从三流学校毕业之后，在很多家公司干过。发现自己总是做不长，怀疑自己是不是没有定性，或者能力水平有限，不足以在社会上生存。

在自我怀疑的几年中，依旧不停地换工作。直到一次偶然的机会去做了金融，赚了一点钱。领导决定把一个部门给我管理时，我便开始膨胀了：原来我适合做金融，搞不好我是这行的天才呢！女股神巴菲特啥的就是我了吧？

后来，2014~2015年，我在股灾中亏了许多钱，债务到今年才算结清。在债务期间经历了以贷养贷，关灯吃面的日子是常有的，苦不堪言。那时候所在的金融公司通过不正规的操作，坑了客户。我发现之后义愤填膺，实在不想同流合污，怂恿手下的员工一并离职了。理由是，钱要赚，但要赚得心安理得。

2016年，在美国。为了当时的男友走天涯，当时他在读书，每天等待他的日子十分无聊。我开始阅读，开始去他学校的图书馆，开始写日记、写随笔。

波士顿的郊区风景多美，大家在电影里头都见过，每天面对美景，不抒发一下情感，是很难的。行文的水平也渐渐提升了。从'哇喔，这里好美，到海鸟在深蓝的天空盘旋，伸出手，它们停留在你的臂膀上，仿佛你是它们最信赖的朋友。再往前走走，看到一片梦幻的翠绿，一足轻踏，遍地生花。'

2016年底，我回国。开了一家书店。想要开始写作，做一名自由职业者。我感觉我真正地开始接近我的梦了。在2017年，我再次恋爱了。男朋友在北京，也是我现在的丈夫。我再一次为爱走天涯，来到了北京，放弃书店。

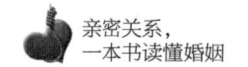

我们计划以后一起开心理咨询室。因为我们都结业了，拿到了国际心理咨询师资格证书。但是经过一段时间的磨合之后，我发现他更喜欢教育，而我更喜欢写作。

　　我们似乎没有那份热情要把两个人的事业绑在一起，我们想各干各喜欢的事情。当我们认识到这一点之后，经过一番沟通，非常释然地尊重对方的选择。接下来的日子，他在学校的教育工作越做越好，而我也在家接了不少文字的工作，又开启了一个新的探索过程。

　　我想做的是通过文字，给迷茫苦难的人，扔下一条绳索，拉Ta出泥潭。而最好的方式就是写小说。我不想把自己说得伟大，因为我从没给自己赋予什么使命，只是写小说这个念头让我觉得生活变得有趣了。每天码字也有劲了，一口气能上五层楼。

　　不难发现，我是一路摸索，一点点弄清自己想做什么的，而不是一气呵成。我一旦发现眼前想做的，就去做了。眼前的那一步做下去，下一步自然会显现。就跟打游戏似的，这一关卡通过了，下一关卡自然而然会为你解锁，最后到达终点——你的"真爱"，你喜欢的事情。"

成长秘钥

　　我在想，W之所以能将婚姻经营得如此美妙，是因为她不曾在结婚之后失去自己的理想，不曾停止去探索内在的世界。因为不断坚持前行，所以找到了最爱的人和最爱的事。而能够找到自己喜欢做的事情，这样的人最自由。

　　1. 自律的人更自由

　　很多人在开始做一件事之后，拖延的毛病就会开始显现。有些人找到喜欢的工作做起来特别积极。是的，但是当喜欢的工作变成日常，性格中的小毛病该出现还是会出现。

出现小毛病不代表不喜欢自己的选择。就好像娶到最爱的女人，未来的几十年，你能每天都保持热情吗？自然会趋于平淡，但不代表你不爱了。因为激情的爱早已变成了亲密之爱，已侵入皮骨。但，毕竟这是你想做的事，拖延了之后，会感到深深的自责。觉得自己对不起自己经历了那么多恼人的挫折。同时，也感觉自己背叛了自己的理想。

拖延时爽，自责时悔。相信我，如果你找到了自己此生都想做的事情，拖延和自责的感觉经常会跑出来。接下来，你的勤劳会战胜懒惰。毕竟，是"真爱"，哪能甘心被拖延打败。

2. 自由是有界限的

自由不是放任，而是有限度的。超过了某个限度，人就不感到自由了。

在我们主动为自己设置的规律中：

例如，一天什么时候学习，去思考自己想做的，并有意愿做得更好；一天什么时间锻炼身体，让自己能一直把自己想做的事更长远做下去；一天什么时候去执行，不停地刷经验值，让自己精进。慢慢地，你自己会开始做出安排和选择。

有时候自己的安排没有完成，心中会不安。再一次觉得自己对不起自己的理想。所以，看呐，找到自己喜欢的事情，也不是满园鲜花的，但是确实感觉自由和幸福。

怎么了解伴侣在想什么？

你认为你和你的伴侣相互了解吗？这个问题的答案很有意思。

两个人在最美的热恋期时，很容易说：了解。

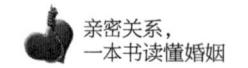

随着婚后慢慢相处，互相有了更深的了解，也慢慢有了更多的矛盾，恐怕"了解"也变成了"伤害"。而一旦对感情摇摆不定的时候，这个答案就会大不相同，大部分人就会说：我根本不知道对方是怎么想的。

F和G，一对结婚7年的夫妻。

在一次聚会上，一对结婚7年的夫妻朋友问："我们怎么更了解对方呢？"

他们的困扰在于，7年过去了，婚姻生活日趋平淡，总觉得不了解对方在想什么。当问起对方"嘿，你最近在想什么？"对方也说不出个所以然来，他们很着急，很担心会出现大家所说的"7年之痒"。

这对夫妻是我多年的朋友，他们的婚姻生活一直经营得很棒。他们是我们生活圈中善于共同进步的恩爱夫妻，想不到如今也遇到了困扰。但依然很好的是，他们乐于去发现问题并解决。

我对他们说："你们不妨试着先了解自己，慢慢地你会发现也能了解对方了。"

这对夫妻朋友，他们担心越来越不理解对方的最好解决办法是，先更了解自己。当对自己有一定的了解后，了解对方自然是水到渠成的。

成长秘钥

个人的，也是普遍的。当我们了解自己的内心之后，也了解了他人的内心。心理学家们说，一个人的心灵需要经历简单—复杂—简单的过程后更容易感到快乐，而这个经历需要从了解自己开始。

1. 如何了解自己

用元认知去认知在不同情境下我们的情绪反应和思维模式。什么是元认知？元认知是对认知的认知，类似于觉察，包含自省功能。例如了解自己是如何思考的？自己是如何对外界发生的事件给出解释的？

当我们捕捉到我们的情绪变化，和处理事情的办法，就是元认知在工作了。元认知就像是我们自己的观察者,而我们本身是被观察者。我们既是观察者也是被观察者。用元认知我们能客观看待我们的情绪变化,处理事情的方式,以及我们自身的优势与不足。

2. 为什么说元认知包含自省功能呢?

因为许多我们真实的想法在我们的潜意识里,没有遇到特殊的情境,我们无法对自己展开思考。如果恰好此刻生活中发生了一件对我们情绪产生很大影响的事情,我们需要捕捉下来进行分析:为什么我们会在这件事情上面产生这个情绪?

当我们使用元认知去了解自己,我们会越来越敏锐地察觉到自己的情绪变化的原因。虽然我们的出发点仅仅是了解自己,但是会惊喜发现,我们越来越有智慧了。

因为我们了解自己为何对不同的事情会做出不同的反应,是因为我们的成长模式不同、思维模式不同、诠释的角度不同,所以我们也更能理解其他人对不同事情做出不同的反应,无形之中在品质里强化了一份宽容。我们懂了自己,也懂了他人。

关于结婚

经营婚姻如同经营一家公司,要全身心地投入,为了能够养家糊口,也为了能够在事业中证明自己的价值。这就需要我们像对待工作一样,以一颗认真的心来对待,不能因为哪天高兴了,就努力奋斗,事业飞黄腾达;哪天不高兴了,就丢掉事业,任公司大厦轰然倒塌。

婚姻也是如此,婚姻不是过家家,高兴了在一起,不高兴了就各奔东

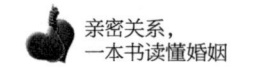

西。更不能把婚姻当作是一个游戏，以此来游戏人生。婚姻更多的是一份责任，一份拿得起却永远不能放下的责任。

F，女，35岁，小说家。

F说："在去年夏季的一晚，我和丈夫聊到了凌晨三点。当彼此谈到婚前的"放荡史"时，我们两个人都故作轻松。为了证明自己是开明的，并是无条件接纳对方的，两个人都认真倾听对方的过去，暂时屏蔽被刺痛之后心重重堵塞的感觉。

原因是担心自己表现抗拒之后，无法再发现伴侣内在的秘密，这将是一个很大的遗憾。虽然说每个人都有属于自己无法言说的秘密，但说出秘密会让自己更轻松生活，也是不可否认的事实。说者轻松，听着负重。我个人对他的情史极度敏感，其实是对伤害的敏感，我对自己经营婚姻没有信心，经常活在恐惧之中，会将他想象成未来伤害我的恶魔。

在看似轻松的对话之后，我辗转难眠，思索着他是否会在结婚之后背叛我。虽然我在书中塑造了许多潇洒的女性角色，但是恐惧发生在自己身上，还是洒脱不了。我也会担心在我怀孕期间男人的背叛。就好像一个睿智的男性学者，也会担心妻子出轨一样。好在，面对问题我从来不躲避，我的模式是选择直面困惑与害怕。面对恐惧，是我战胜恐惧的办法。

他的内心最怕自己不够好，他的生存模式是逃避。他会对出现的问题十分敏感，原因在于他以前发生了太多连自己都不接受的事，一旦发现妻子可能不接受，心中忐忑不安。从前，他内心深处有好的价值观，却为了逃避问题而去做许多冲击价值观的事情。

比如他喜欢诚实，却会为了无关紧要的小事撒谎。他喜欢善良，却经常关注阴暗的事情。在他的成长经历里，做了一些模棱两可的事情，那些不知道是个人自由还是罪恶的事情，自己都心中在打鼓，只能通过认同一些将自己行为合理化的事情，来救赎自己，比如告诉自己大家都这么做。所以一旦有人来质问或者否认，便弹起来防御，就像一只被踩到尾巴的猫。

第二天，我们在午餐时，继续聊了聊昨晚的话题，他明显感觉有些不适。对于昨晚的话题，他心中焦虑是因为怕我不接受他。莫大的恐惧会让他反过来用气愤来制止我，以至于压抑了我的表达。无非是害怕我并不会真正接受他的过去。

我告诉他，我接受他的过去，我将自己的担心、恐惧、希望一并告诉他。我希望我们可以一起努力，组成一个幸福的家庭。"

成长秘钥

勇者无畏，有些担心是没有意义的，因为担心的事从不会因为担心就不会发生。不担心的事，顺其自然发展。发生，就面对。不发生，为自己感到庆幸。

1. 在经营婚姻的过程中成为更好的自己

每个人都在年轻的时候会做一些老了回忆起来感觉十分愚蠢的事情。但正是因为做过傻事，才能有获得幸福的强烈愿望，才会去追求智慧，寻求解脱。正如无私从自私中来，阴暗从光明中来一样。

曾经的我们都在阴暗中迷失过，后来我们选择了光明。每个人都在创伤中修复自己；每个人都渴望爱的人能完全接受自己；每个人都能通过主动探索、约束、控制而成为更好的自己。

2. 经营婚姻的过程也是两个人磨平棱角的过程

婚姻中两个再完美的人都难免会有些棱角，就像两个咬合在一起的新齿轮，开始运行的时候总会有些摩擦，时间长了就能够运行正常了，我们将这一段时间称为"磨合期"。正如一辆新车，如果在磨合期不是由好司机驾驶的，恐怕就会出现大问题。同样，在婚姻的磨合期中，如果夫妻双方不能正确处理产生的问题，就很可能导致婚姻的破裂。因此，在婚姻的磨合期，夫妻两人要正确地认识自己的角色，正确处理婚姻中的矛盾。好

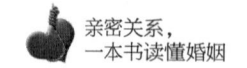

的婚姻不是1+1=2,而是0.5+0.5=1,只有每个人磨平自己一半的棱角,才能共同维护一个完整、幸福的家。

关于离婚

现代人的思想越来越开放。离婚早已不是什么不可原谅的稀奇事。当今夫妻多数都是自由恋爱,经济也相对独立,最初可能由于冲动或者一时的爱匆忙迈入了婚姻殿堂,忽略了婚姻其实是开启一个大家庭的钥匙,需要两个人共同面对暴风雨,更需要彼此承担责任。婚后几年,双方爱情的热度慢慢递减,曾经轰轰烈烈的爱情慢慢化为可有可无的亲情。若是经营得不好,所剩无几的感情也迟早被消磨殆尽,彼此开始因为生活中各种柴米油盐的小事情心生嫌隙。尤其是孩子出生后,家庭矛盾就会越发凸显。这时,离婚的念头渐渐涌上心头,如果双方都不肯弥补和妥协,那么婚姻往往就此走到尽头,被判死刑。

夫妻A和夫妻B,两对不一样的夫妻。

关于离婚这个字眼,在婚姻里面基本上"谈离色变"。我们发现有两种极端的情况对"离婚"这个词处理得不太恰当。

一种是感情不和谐的夫妻,他们每次吵架的时候都会把离婚拿出来说,刺痛对方,以换取在吵架过程中胜利的姿态。这类夫妻没有界限意识,不知道当重复伤害之后,对方内心已经逐渐开始放弃这段感情了,达到了破坏感情的实质效果。

夫妻A就是例子,这对夫妻每次吵架都会嚷嚷着离婚,最后邻居看不下去了,说:"你们到底啥时候离婚?我都听烦了。"可见这对夫妻讲离婚多频繁。

另一种是和睦的夫妻，他们因为感情融洽，把探讨离婚的话题当作禁忌，想都不敢想，是打死都不会相信离婚的事情会发生在自己身上的，更别说交流关于"离婚"的话题了。

夫妻B就是例子，他们眼见身边的人一对对在办理离婚，两个人都小心翼翼地生活着，生怕这事会发生在自己身上。两个人都变得敏感多疑，但就是不说：因为身边的人都在离婚，我感到很害怕，我开始对自己没有自信，也对你不放心。我们该怎么解决一下这个问题？

我认为这两种情况都不太合适，都不利于婚姻的健康发展。

我见到许多例子是夫妻B的情况，其中一方坚信离婚不会发生在自己身上，但身边一旦有什么风吹草动，就会感到紧张，会将伴侣控制，或者是先去放纵自己，以免被对方伤害。如果夫妻二人能交流一下离婚这个话题，展开一些想象，趣味戏谑离婚之后自己可能去追求一直被耽误的梦想，就会知道离婚并不是末日。

成长秘钥

我相信，最初两个人因为爱情而心甘情愿走到一起、建立家庭的时候，没有人愿意，也没有人会想到结局会是离婚。那么，关于离婚这件事，夫妻二人应该如何面对呢？

1. 不避讳关于离婚的话题讨论

真正好的做法是，在结婚之前，或是在婚后感情稳定的阶段，一起探讨关于离婚的话题。探讨关于婚姻破裂的种种原因，如什么样的夫妻会离婚；自己最可能在什么样的情况下离婚；对方最不能忍受自己的是什么；如果离婚之后自己会有什么打算；孩子跟谁会更好；怎么在离婚之后还能给孩子充足的爱等等。同时，谈谈关于为什么有的夫妻会离婚，也能通过

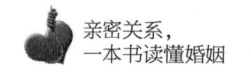

对方表达观点时，弄清楚对方的底线在哪里，而不去触碰。相当于画了一道警戒线。当夫妻其中一方忘记初心而去触碰时，心中的警报器会响起，达到维护婚姻的作用。

2. 想象"失去"，才懂"珍惜"

在双方情感饱满的时候去聊失去，往往会让人心中不舍。夫妻二人内心都是拒绝出现最糟糕的情况的，两个人会更加珍惜彼此。这种感觉就好像一位健康的青年，想象着自己如果不珍惜身体得了癌症怎么办？光是想象，就可以促使青年更加注意爱惜身体，热爱运动。因为谁都不想让自己，去感受最不愿意看见的"失去"。所以想象失去，很多时候能帮助我们珍惜。就好像想象死亡，能让我们现在更珍惜生命一样。

3. 离婚不是世界末日

离婚之后，你可以去追求理想，学习、健身、旅行，去保持自己精神独立和个人魅力。

当把离婚想明白之后，在婚姻中不再轻易把离婚这个事情拿出来说，因为两个人对离婚已经了解得足够清楚了。所以不会将离婚当作威胁对方的武器，而仅仅当作感情真正破裂后的离场。我们往往会发现，在结婚之前能敞开心扉聊关于"离婚话题"的夫妻往往情感深厚、内心饱满。他们善于一起共同解决问题，对于互相成长的态度是积极的。

一起渡过更年期

更年期，也是人类从年轻迈向老年的一个标志。处于这个时期，我们首先要适应生理上的变化，情绪也会由于身体器官的衰老变得越来越不稳定。如果夫妻两个人对彼此的生理、心理特点不了解，双方就容易因为这些变化引发互相猜忌、烦躁、发无名火等表现，造成更多误解和不可调和的矛盾。如果你不懂得该如何渡过更年期，另一半一旦出现了异常反应，就会疑神疑鬼、大惊小怪、火上浇油，导致双方感情破裂，夫妻关系不和谐。

N，45岁，公务员，两个孩子。

"我的丈夫最近变得很奇怪。一直说什么要做自己。我怀疑他在外面有人了，别的女人刺激了他，他就开始发神经。或者说是我多疑了，他只是男性的更年期发作了？"N说。

"他做自己为什么会是发神经？"我问。

"因为他跟以前不一样啊，太不一样了。我其实怕他做自己之后会跟我离婚。好吧，这是关键的因素。"N说。

"因为你害怕，所以开始阻碍他成为更好的他吗？"我问。

"有点吧。他生日那天我给忘了，我一直都以为他记得我生日是天经地义，突然发现他生日我一直都没有用心记住。而他也从没为此抱怨过，我以为他的个性是不会在乎这些的。所以我就怼了一句，他瞎讲究，说完我还挺内疚的，觉得自己太霸道了。"N有些歉意。

"你打算以后怎么做呢？"我问。

"我不知道。一直以来，我们的相处都是他不发表意见，我来做决定。现在这个苗头出来，我们的模式变得有些陌生。而陌生的东西总是让人担忧。"N说。

"他很少在生活中表现自己的喜怒哀乐吗？"我问。

"是的，一副不以物喜，不以己悲的样子。我和孩子们都觉得他是一个无欲无求的人。但是我知道每个人都有自己的情绪，他这么多年，的确很少让我们看到他的情绪，似乎一直在努力做一个不引起注意的丈夫和父亲。"N说。

"你还是很清楚他的状态的。"我问。

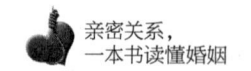

"是啊,但是我很担心他做自己之后,会发现我这个妻子并不是她所要的。我们单位夫妻到这个岁数离婚的情况还是有。我问过他们的想法,基本上都是:反正孩子大了,勉强和对方在一起也没什么意思,离了算了。"N看了看天花板,心中不安。

"先别担心,恐惧会蒙蔽我们的双眼。我们不妨一起想想怎么化解自己的担忧。我想问你,你爱他吗?"我问。

"爱吧。毕竟这么多年的感情。"N说。

"如果他成为更好的他之后,是否还是他?"我问。

"当然还是他,他本质善良、宽容,不会改变。"N说。

"那么你知道爱和需要的区别吗?需要是占有,希望对方能替自己实现自身难以实现的愿望;爱是成全,帮助他成为更好的他。"我问。

N沉默了。过了一会儿,她说:"所以,他如果真的因为成长要离开,我需要放手是吗?"

"我的看法是这样的。但是如果你们能共同成长,再次相爱,就能避免分离。与其担忧不安,不如将这份焦虑化作动力,多和对方交流,了解彼此的内心世界,携手成长,相互鼓励。"我说。

成长秘钥

更年期的女性和男性,心理成熟稳定,身体机能退化,是一个两极走向的特殊时期。这个阶段的人习惯自省,频繁回顾前半生的经历,为的是开启走向老年智慧的阶段。

1. 每个人,在不同的成长时期都需要关怀

当夫妻在更年期的时候,遇到人生这一阶段需要成长的命题,也是升华彼此感情的绝佳时期。许多人因为不了解对方在这段时间的变化,变得不安。采取错误的手段将婚姻关系处理得紧张万分。

> 2. 更年期要相互体谅，互敬互爱才能携手走过
>
> 因为每个人都只活一次，中年过渡到老年没有经验，所以内心恐惧胆怯是正常的。而一个有爱的家庭，一对和谐的夫妻，会相互鼓励，一起踏入人生新的阶段，顺利度过这一特殊的时期。到了更年期，夫妻之间更要相互体谅，互敬互爱，除了情感上要多沟通，还要在日常生活中注意了解对方的脾气和情绪，尤其当对方心情不佳的时候，就特别需要彼此间的理解和体贴安慰。

成长路上，我落单了

大文豪莎士比亚曾说过："不如意的婚姻好比是座地狱，一辈子鸡争鹅斗，不得安生，相反，选到一个称心如意的配偶，就能百年偕老，幸福无比。"

每次读到这段话，我就在想，当两个人决定一起走向婚姻生活的那一刻，一定是确定自己找到了世界上最契合的灵魂，最满意的另一半。可是走着走着，还有多少人坚信自己的选择是正确的呢？

很多人看到的，只剩下分歧、裂痕、感情变淡，甚至是婚姻中的背叛、同床异梦。

这其中最重要的一个原因，就是夫妻俩携手走了一段之后便无法同步，最明显的表现就是一个飞速在进步，另一个则始终原地踏步，在成长路上落了单。就像两个人明明一起开始爬楼梯，但是对方已经爬到了20层，不愿停下，而你却还在第八层，跟不上，最后你不停抱怨，和对方的差距也越来越大。

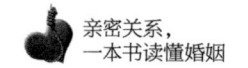

F，女，28岁，自由撰稿人，结婚半年。

F说："我和丈夫恋爱一年之后结婚了，我们是学习心理学认识的。我们善于沟通，支持彼此成长，一切都十分融洽。我们经常会在朋友圈发甜蜜的生活，是所有朋友们众口交赞的一对。

结婚以后，我们都有了为家庭做出更多的愿望，我们会给自己压力，现在不仅仅要提升内在的思想，还要花更多时间去培养工作能力，赚更多的钱，为将来抚养孩子做准备。

对于男人来说，养家的压力总是比女人大一些，这可能是几千年来传统的影响。虽然我告诉丈夫，这个家我们共同分担经济压力，让他不要太辛苦，但是他根本无法松懈下来。恋爱时的慢节奏，现在取而代之的是每天忙碌的工作，我们都在适应这个新的阶段。

最近，丈夫的同事推荐他考一个证书，为了将来的职业规划。他告诉我他需要更多的时间花在学习和工作上，陪我的时间会少很多。我当然鼓励他追求进步，但是心中不免有些失落。

一直以来我们都是一起学习，就好像两辆并行的车辆一起前行，但是突然之间他踩了油门，先行一步，我开始恐慌。我明白我的顾虑是担心他跑得太快，把我甩在后头了。或者更优秀的他，不再会欣赏现在的我。"

在了解W的恐惧之后，我发现她的说法并不完全是客观的，因为她并没有被甩在后面。据我所知，她几年来一直在持续学习，从未停止。焦虑的反而是她的丈夫，只不过男性不愿意承认自己的担忧罢了。

成长秘钥

我发现，学习心理学的人面对自身的问题，依旧难以保持理性。如上述案例中的W只是想象自己落后了，但事实并不是如此。需要有个人来告诉她真实的情况，好让她放下焦虑。

1. 只有自己的成就才值得自己骄傲

我还知道一个例子是真实的"落后":一对夫妻结婚以后,妻子把全部心思都放在丈夫身上,而丈夫依然像结婚之前一样把心思主要放在事业上。这也和社会环境的影响有关系,从小我们被教育女人要顾家,男人要有事业。所以这对夫妻婚后的模式也是十分普遍。

这位妻子并不是不想追求事业上的成就,因为婚后职业规划暂停的原因,把追求成就的希望都转移到了丈夫身上,她相信他的成就也会是自己的成就。这种念头从妻子的角色出发并没有问题。但是从每个人都是独立的个体来说,其他任何人的成就都和自己没有关系。我们能做的仅仅是为他人的成就感到高兴而已,并不能将他人的成就霸占成自己的。

只有自己的成就才是值得自己骄傲的。

父母的、丈夫的、妻子的、孩子的成就都属于他们。自己的成就才是真实的,如你唱出动听的歌,画出美丽的景色,写出震撼的作品,做了一份有贡献的工作,这些才是属于自己创造的东西,才能算真正属于自己。

2. 当对方在进步时,自己也去进步

多学习一点知识来实现共同进步的愿望。了解真相之后,才能促使对方不停进步,最后两个人都越来越完善,成为更好的自己。

只有夫妻双方都是独立的个体,才能更完美地融合。每天清晨起来,告诉自己:我是我,然后才是妻子、母亲、孩子、职员、朋友这些身份。坚持下去,让自己认识到只有自己是先属于自己,才能更好地完成其他角色。

哪怕在一天里,只有一个小时意识到要做自己,以自己的性格出发去做一些事情,也足够了。日积月累,成为常态之后,我们会显得越发真实,自己也会更加尊重自己。

第十二章 Chapter 12
婚姻美学

人生若只如初见,何事秋风悲画扇。

纳兰性德的这一句诗,道出了人们情感生活中的婚姻美学。

每个人都会审美疲劳,两个人朝夕相处,"看多了"也就倦怠了、懈怠了,甚至开始彼此伤害。

为什么看多了,婚姻中的美感就容易被打碎了呢?

好像很少有夫妻认真地思考这个问题,很多人总是在感情受伤后,才开始感叹纳兰性德的这首小诗,心里一声叹息。

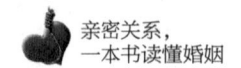

找到了适合自己的衣服

被誉为"婚姻教皇"的作家戈特曼在他的《幸福的婚姻》一书中提到:"人们对婚姻有一个最普通的误解,那就是认为是共同的兴趣爱好将你们拉到一起。"

在我看来,婚姻本没有对错,只有是否适合。比如,最常见的买衣服,如果两个人价值观不一致,就很可能出现一个想买名牌,一个嫌另一半大手大脚的情况,由此不可调和的矛盾

T和Y,一对消费观不同的夫妻,和我聊他们最近争吵的话题,是关于服装的。妻子说丈夫没有品位,生活没有质量;丈夫说妻子爱慕名牌,不脚踏实地。他们俩争执不下,好像不说服对方同意自己的观点,就在家里没有地位,会被对方看不起似的。

毕竟观念是能转变的,他俩的内心明白,不能仅因某一个观念不合就伤了感情。所以来找身边的朋友评评理,其实也是希望朋友们能帮助他们调和一下。

这位妻子喜欢名牌。认为名牌才能彰显自己的气质和身份。她的论断有一定的根据,名牌之所以贵,是因为背后生产十分讲究,从调查、设计再到选材料都能说出所以然。她甚至举出许多名牌厂家特意从世界名画中

找寻设计灵感的事例,听得旁人心服口服。

这位丈夫呢,认为名牌不是所有人都能穿上的。衣服舒服最重要,哪怕地摊上的衣服,只要舒服又适合自己的身材,是完全可以接受的,不一定非名牌不可。名牌质感确实好,但是有的地摊上棉质的衣服也很好。如果只为追求名牌而穿,而不去考虑自己的经济承受能力,不去考虑是否适合自己的身材,是愚昧的。

我听完,真的很想为这对夫妻鼓掌。他们各执一词,均有道理。只是立场不同,所以好像对立起来,其实是可以融合的。妻子因为是名牌店的店长,对名牌的衣服有深厚的了解和认同;而丈夫因为了解自己的身材和喜好,能接受不同的衣服,哪怕是便宜的衣服,只要质感好、适合自己、都非常愿意购买。这二人没有谁对谁错。

成长秘钥

什么是美?我觉得是穿上舒适的衣服,找到属于自己的最舒服感受的那一刻就是美。

1. 舒适就是美

我个人既非常欣赏名牌对服装工艺的匠人精神,因为在选材和设计方面确实很尽心,这不容置疑;同时,我又喜欢淘一些舒适的棉质衣服,因为棉质衣服非常透气,穿起来很舒适。

我没有办法绝对地说名牌不好,又或是舒适的便宜衣服不好。如果非要说,不管是名牌还是非名牌,只要舒服,只要适合自己的身材,只要价格合理,我都可以接受。这是我对这对夫妻说的话,他们似乎很满意我的答案,满意离开了。

2. 受不受尊重与穿不穿名牌无关

当然,认识我的朋友知道我更喜欢棉质衣服的简单大方。但是我也尊

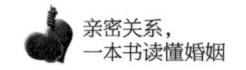

重喜欢名牌衣服的人对工艺的执着。反过来，如果仅仅是因为虚荣感而买品牌，浮于表面地购买，我觉得意义不大。

一个人如果因为自己穿了名牌而受尊重，不穿名牌就不受尊重，只能说明他人尊重的仅仅是衣服，而不是你这个人本身。我最欣赏的还是，衣着朴素，但是有着独特气质的人。我们不难发现，越是有智慧的人，衣着越是简朴。

一起洗手做羹汤

两个人刚在一起恋爱的时候，往往觉得很新鲜刺激，一个眼神带来的心跳，一次夜晚的牵手疯跑，都会觉得很浪漫、很幸福。当爱情套上了承诺的戒指，转为婚姻的责任时，很多人都会在越来越平稳的生活中，忽视了浪漫的细节。

每次提起浪漫二字，很多人都会条件反射性地觉得自己没钱，给不起浪漫。其实这个观念是错误的，浪漫并不一定需要钱才能达到，但任何浪漫都要用心才可以完成。一封自己亲手完成的情书、一本自己制作的相册、一盘自己录制的DVD、一起洗手做一碗汤羹，浪漫不在于金钱贵重，而在于用心表达。

婚姻是两个人的事，浪漫虽然由其中一个制造，但是另一半的回应也很重要。当你满心期待将亲手做了半天的蛋糕当生日礼物送给另一半的时候，是不是很期待他感动的眼神和深情的拥抱？浪漫的回应需要表达，不要害羞，要记住有这样一个人为你努力只为了讨你全部的欢心，是多么的幸福。

H，男，43岁，结婚14年，孩子12岁。

H说："我们家关于做饭的问题一直是个难题。我的妻子是职业女性，有自己所追求的理想，一直在为此奋斗。为了获得晋升机会，我这几年加倍努力工作，工作也很繁忙。

在孩子小的时候有父母过来帮忙做饭。现在孩子大了，我们吃饭基本靠叫餐解决，高效，同时又可以免去洗碗的麻烦。可是叫餐时间久了，会有些厌倦。但是我俩到家都累得不行了，谁都不愿意下厨，偶尔兴起买回家的新鲜菜也以放到变质告终。

我们彼此开玩笑说，我们哪里是夫妻过日子，明明是室友嘛。一起合伙叫餐吃饭，然后孩子也不是自己的，是收养的。我们打趣之后又感到无力。我们的心思是，都想回家就有家中的热菜热饭，但是自己又不行动，无法怪对方，感觉要求谁做饭都不公平。

如果一个月我们抽出时间做饭了，孩子会非常惊讶：'天呐，爸妈，我们家来客人啦？'在孩子的心里面来了客人我们才下厨，使我们哭笑不得。

我听说别人家的孩子都是：'爸妈，今天能不能别做饭了，我们叫餐吃吧。'

而我们家的孩子是：'爸妈，能不能别叫餐了，你们能自己做点吗？'能把孩子吃到厌倦，可想而知，我们这个状态持续多久了。

这个状态真正的转机是一次一家三口的出国旅行。当时我们去欧洲的一家民宿住下来，这家民宿的主人也是一家三口。民宿不大，有五六间房的样子，基本上每天都是满的。我们看到这对夫妻生意挺好，在晚上聚在一起聊天的时候，便问他们：'你们为什么不扩大呢？你们现在在网上已经有口碑，扩大你们的生意就会更好了。'

'可是，我们并不需要生意更好啊。'夫妻俩相视一笑之后回答。我们俩倒是很吃惊，觉得十分有悖常理，妻子追问：'为什么？'

'如果我们扩大生意，就没有享受生活的时间了。我们现在刚好忙得

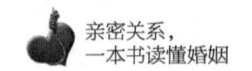

过来，还可以有彼此相处的时间，还有陪伴孩子的时间。我们一家三口晚上可以商量做什么晚饭，享受自己做的食物，我们喜欢这样的日子，觉得很开心，不愿意更忙了。'他们说得很平常，像是再简单不过的道理，却在我和妻子的心里投下一枚"核弹"，把"繁忙才是正确"的那堵心墙给炸开了。

回到国内，我们展开了一场心对心的谈话。

'我们都想享受生活，不是吗？我们以前一直认为赚够了钱才能有资格享受生活，其实我们错了。享受生活最重要的是心态，其次才是物质。我们现在只有物质基础，却没有享受生活的心态，所以我们总觉得不够资格，于是一直忙下去，没有尽头。其实一边享受生活，一边工作并不冲突。我们总把两者看成矛盾体。'我说。

'非常同意。'有了妻子的支持，我知道该怎么做了。

'我们接下来把工作量都减轻一些吧，分一部分精力给家庭，回到厨房；再分一部分时间去旅行，怎么样？'我说。

'不能更好了，我喜欢你的安排。'她说。

接下来的日子，我们先从每周双休加班的状态中脱出，把时间用来一起做饭，做到至少每周做一顿精致的饭菜。有时候我们会接来父母，一起吃饭，聊聊家常。

厨房里，妻子切菜，我炒菜。我看着不同颜色的菜在锅中变了颜色，感到食材在加热中的变化，觉得十分有趣味，比加班可有意思多了。吃完饭之后，我们仨石头剪刀布，决定洗碗的人。在输赢角逐的时候，欢声笑语。输的人心甘情愿洗碗，谁也不觉得是份苦差事，反倒觉得好玩。

在刚开始转变的时期，孩子似乎变得更活泼了，我们都感受到了来自家庭的温暖。我们发现，要家庭温暖很容易，只需要自己改变，就会影响一家人。现在基本上我们能做到一周做四天饭了，目前的家庭状态氛围很好。

什么是美？我觉得是开始愿意花时间下厨，和家人品味美食的那一刻。"

成长秘钥

家需要"烟火气",只有这样才温暖,才有生活气息。

1. 平时多注意观察爱人的喜好,避免"热脸"贴到"冷屁股"

很多人都有浪漫情结,但大多数时候不知道从何做起、怎么表达、什么时候表达,这就需要平时多加观察。想了解自己的伴侣,可以留意平时他最喜欢的花、最爱的季节、梦想旅游的地方。必要时也可以通过网络转载的调查问卷来让她填写出喜爱的东西。两个人在一起相处久了,喜好会随着时间不停地发生改变,只要用心地观察,在特定的时刻将自己的关心表达出来,会让婚姻的幸福感陡然上升。

2. 选择合适的时间,免得让喜悦扑了场空

浪漫的方式有很多种,但选对表达浪漫的时间同样重要。如果对方正好在开一个非常重要的会议,而你却在楼下拿着话筒大声唱歌表白,无疑会让整个场面变得尴尬而无趣。因此,只有充分地了解对方的处境,才能让浪漫达到事半功倍的效果。例如,你可以在她快要下班的时候,打个电话问她在哪里,确定位置之后拿着花突然出现,让周围的人都一起来见证你们的浪漫,达到更好的效果。

3. 鼓励对方和你一起制造浪漫

有的浪漫是需要两个人共同完成的,比如说一起给家里的墙壁换上新的墙贴,精心养护出一盆开花的植物,夕阳下两个人牵手去海边散步。这些都是生活中的琐事,在合适的时间邀请对方和你一起制造浪漫,一起体验完成一件事情的喜悦。这样下去,你们共同的美好回忆越来越多,会让婚姻在浪漫的感觉里不断地升温。

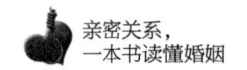

卖出了占空间的家具

卖出占用空间的家具，不只是收纳整理的一种表现，更是断舍离的一个过程。在这个过程中，我们会了解自己真正的需求，从而让生活变得更有品质。

所谓"断"，是指断绝想要进入自己家里的不需要的东西，同时不再随意"买买买"。

所谓"舍"，是指舍弃家里泛滥的无用物品。

断与舍的结合，便是"离"的境界：脱离对物质的执念，享受真正属于自己的空间。

Q，女，30岁，舞蹈老师。

Q说："我和老公是在旧物市场认识的。当时我们为了一个复古单人椅争得面红耳赤。他急忙付钱想拥有椅子，我坐在椅子上抓住椅背不肯起来，而老板手上拿着一叠钞票面露难色。

老板说，你们谁能打动我，我就卖给谁。老板当时似乎开始享受起支配椅子的决定权了。我坐在沙发上，插着腰：'哼，不公平，我肯定打不过你。'

老公哈哈大笑，说：'你是气昏头了吧，是用理由打动他，不是打他。'我们就这样相识了，都给对方留下了深刻的印象。后来我们谁都没要那个单人沙发，我们一起买了套蓝色的双人沙发。

是的，我们相爱了。

我们在结婚之前，因为害怕家里空荡荡的，我俩都喜欢把家里堆得满满的。听说喜欢把家里堆得满满的人是因为害怕寂寞。所以可以推测出我们其实并不是喜欢满满的感觉，而是讨厌孤独。家具满满地围绕着自己，会有种自己被包裹的感觉，心里会有种安全感。

我们结婚之后，彼此的家具合在一个房子里。那些充满记忆的东西，谁都舍不得扔掉。加上我们婚前的习惯，喜欢去旧物市场淘一些特别的家具，以至于家里的东西越来越多，快赶上一个杂货铺了。虽然在走道上有时需要侧身才能通过，但只要看到我们辛苦抬回来的大物件、用心淘回来的小物件，我们心里仍会有种特别的满足感。但是这种满足感没有持续多久，新生命诞生了，我们需要做出艰难的取舍。

孩子出生以后，家里的活动空间明显不够。曾经宝贝的物件，可能会成为导致孩子受伤的'危险物'。我们不停地将曾经爱不释手的家具送给身边的朋友，直到他们说：'拜托，我家里实在放不下了。'我们才不得已将剩下的家具卖向二手市场。原来我们以高价买回来的家具，如今折价卖出，心痛不已。

起初，我们不情愿出手一些带着回忆的家具。慢慢地，当割舍成了一种习惯，我们似乎有些享受看着家里空间逐渐变大的感觉。回忆起来，我们一直保留许多平时用不上的物件，再去淘一堆占满空间的物件，给我们的生活带来了不少困扰。当然，我们坚定地留下了那套蓝色的双人沙发。

现在的日子，我们有了彼此，有了孩子。当一个人的内心被填满了，对外界的需求似乎开始变少了。就这样，几个月过去了，家里的物件越来越少，空间越来越大。那天，当我们卖完剩下几件多余的家具之后，躺在地上，看着空荡的房间，再看看对方，突然觉得，原来，少也是一种美。

我们的家开始像'家'了，有孩子活动的空间，有我们跳舞的空间。它不再是一个堆满物品的仓库，而是一个叫作'家'的地方。从前我们认为生活的美是周围环境的充实但如果现在你问我们什么是美，我们会说美是内心的饱满，加上有一个能和对方相拥跳舞的空间。"

成长秘钥

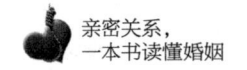

生活中需要"断舍离",很多家庭都会堆积着不用的东西,其实这些东西影响着我们的生活质量,提高生活质量一定需要不断清理家中不需要的旧物。

1. 考虑"断舍离"的前提,永远是"自己"和"当下"

你要做的就是思考某件物品,真的是你当下需要的吗?而不是"这个东西对我有着非比寻常的意义",这会让你哪怕不喜欢、暂时用不到,依然舍不得丢弃。

所以,"断舍离"的一个重要前提,就是确定你和这件物品当下的关系。最后整理出家中最需要的物品,久而久之你会发现,原来很多你觉得有一天会用到的东西都不是你真正需要的东西。

2. "断舍离"是一种生活态度,而不是浪费

很多老一辈都有保存物品的习惯,在他们眼中,如果年轻人经常性地"扔东西",实属浪费。其实,"断舍离"是一种态度,不是浪费。也许在丢弃的一瞬间你会有些心痛,但很快,你会尝到甜头。尤其当你决定将不需要的物品捐赠出去的时候,当你能够给受捐赠者带去幸福感的时候,你会感觉这种价值感远远高于"舍"时的"不舍"。

3. "断舍离"不等于降低生活品质

"断舍离"和节俭的生活品质一样,提倡少花钱、不浪费。但"断舍离"不代表降低生活品质,而是择优购买。当你对某件物品真正有需求之时,就要将钱用在刀刃上,让自己享受到最佳的生活。

骑单车上班之后

婚后，两个人要共同承担养家的责任，有时感到生活压力大在所难免。尤其是生活在一二线大都市的年轻夫妻。似乎人们都习惯了快节奏的生活，其实，工作之余，我们也可以尝试骑单车上班，回归自然，亲近自然。让生活的节奏慢下来。

C，女，结婚4年，孩子2岁。

C说："我的丈夫有'路怒症'，他开车的时候经常发火、脏话连篇、情绪激动。我们一直都是开车上下班，原本下班之后想要放松的心情，经常会因为他的愤怒给弄得心里紧张。路上车多人多，他不停鸣笛、超车、爆粗口。坐在车上的家人总是感到惶惶不安。

我觉得不能再这样下去了，是因为他的怒火已经升级了。那天，父母和孩子都在车上，他控制不住怒火向那辆车撞了过去，我们都吓坏了。当时对方就报警了，交警要求我们这两辆堵在路中间的车，移到路边去解决。我抱着哭闹的孩子，看着忧心的父母，再望向被我们堵得水泄不通的车道，听到后面的人骂骂咧咧，我恨不得马上逃走，一刻也不想待在他身边。

他是肇事者，我在车内一切都看得清清楚楚。对方准备加塞，他气得要命，一脚油门上去。我看到对方车内的妻儿，她们惊魂未定。我敢打赌，他们家这辈子都不再敢加塞了。

说回来，加塞是不对，但也犯不着去撞别人吧？万一对方有人受伤，甚至出了人命，他要怎么办？我想这些他都没有考虑过，只是愤怒上头，不管后果。也不管自己的家人们都在车上，我觉得他的情绪完全失控了。现在父母每天都活在恐惧中，生怕我们开车在外头会因为他控制不住情绪

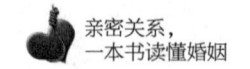

而出事。我想，如果任由他这样下去，生活可能会毁掉。

孩子一天天长大，如果被愤怒的父亲所影响，以后的性格也让我担忧。我想过离婚，但是我放心不下他。我知道我并不是不爱他，只是讨厌他的'路怒症'。如果有办法解决他这个问题，我相信我们还是可以过得很好。

我研究了'路怒症'群体。他们多数因为对生活的焦虑，想要争分夺秒去跟时间赛跑，抓住每一个赚钱的机会，只要时间被耽误，就会非常愤怒，觉得别人伤害了他们，损害了他们的利益。所以他们越来越急，越来越毛躁，直到情绪崩塌，做出过激的事情。

'你想继续和我好好生活下去吗？'我问。

'废话，你什么意思，是要离开我么？'他依然是愤怒的姿态，我感觉他现在是对一切愤怒了，我心中大喊不妙。

'我问题的重点你没有搞清楚，我问的是你要不要和我一起好好生活，开心愉快地生活，而不是糟糕地生活，更不是离开你。'我解释了一番。

'怎么好好地生活？'他抓了抓头，有些烦躁。这个问题似乎是他难以弄明白的。

'你知道吗？你现在给自己很大的压力。你希望一切的事情都非常有效率，你不接受堵车，不接受别人占自己的便宜，哪怕算不得便宜的便宜，你也不允许。别人加塞是不对，但是不至于你去撞别人，你同意我这么说吗？'我问。

'我同意，我事后也挺后悔的。但是我真的当时特别生气，恨不得把他给撞飞。当然这么做肯定是不行的，那样我就要坐牢了。也会见不到你们。好险，没那么做。'说完他自己也笑了，还做出拍拍胸口的动作。

'那么，我现在有个办法，可以避免再出现这样的情况，你愿意尝试吗？'我问。

'什么办法？只要是开车，我就做不到。我试过，我真的做不到。每天事情那么多，我恨不得分成几个人。那么长的时间放在路上，我心里真的是急疯了。'他叹气。

'我记得你说我们家附近有家公司还不错，挺有前景的。但是工资比你现在的公司低一些，所以你不愿意。但是我觉得可以试试。这样一来你离家近，可以坐地铁、坐公交、甚至骑自行车去上班。其实我最希望你骑自行车上班，因为现在共享单车很方便，既环保又可以强身健体。'我说。

'那你不嫌我工资低没本事吗？在你朋友面前失了面子？'他问。

'不嫌弃啊。是老公身心健康重要，还是面子重要？当然是你更重要。再说了，你离家近，回家可以多陪陪我们，我高兴都来不及。你的陪伴是无价的，钱排在第二位。再说，我明年也开始继续工作了，我们可以一起骑自行车上班，多浪漫。'我说。

'老婆，我爱你。'他这个愤怒的大老爷们瞬间柔软下来，眼眶湿湿地拉着我的手。

后来，我们真的每天骑自行车上班，嬉嬉闹闹得挺开心。下雨的时候我们会选择一起坐公交。回家的时候我们也骑自行车，相互追逐，谁先骑到家就不用洗碗，老公总是故意让着我。我喜欢我现在的生活状态，车方面的开支少了许多，家里的笑声也多了起来。"

成长秘钥

生活需要自己有意识地减压，外界的压力无法改变，我们只能改变自己。什么是美？我觉得是从生活变慢的那一刻开始。那么对于压力下的婚姻，我们该如何去给自己的婚姻减压呢？

1. 及时察觉，解决矛盾

当婚姻出现不愉快，或者双方都承受巨大的心理压力时，一旦出现了这种苗头，就要及时觉察，并且要认知到这是很正常的。很多人之所以一

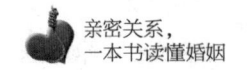

遇到问题就乱了阵脚，导致问题愈演愈烈，就是因为没能第一时间正确认识问题，带着错误的思维认知自然难以化解矛盾，就更谈不上帮助对方减压了。

解决矛盾、化解压力的过程中，一定要确保双方在心平气和的情况下，让对方将心中的焦虑等负面情绪释放出来，压力就会减轻很多。这时再坐下来平心静气地讨论为什么会感到压力、应该如何化解。倘若对方不想说，那就给彼此一些私人的空间和时间，减少对方内心的压抑和紧迫感，而不是在压力还没消除的情况下再次给对方施压。

2. 用心感受现在，幸福就在当下

幸福就是当下的生活。每个人拥有的东西都不一样，烦恼也不一样，经常有人诉苦时，别人都会打趣地安慰一句，你真是身在福中不知福啊！所以说，何必拿自己没有的东西来庸人自扰、徒增压力呢，当感动的时刻被不停地比较、忽视，当期望被各种借口浇灭，终有一天，在你不曾注意的时候幸福也会离你越来越远，压力就会找上门。珍惜当下，用心感受每一刻，你会轻松很多。

恼人的"冷战"

"冷战"，家庭冷暴力的一种，其实是一种精神上的虐待，不涉及肉体上的伤害，却使夫妻中的一方备受伤害，又无法诉说，常被憋出"内伤"。

但是对于这种冷暴力，我国的法律现在没有具体的保护措施，一旦出现家庭冷暴力，往往预示着婚姻走到了尽头。

M，女，31岁，设计师。目前与丈夫冷战中。

M说:"我觉得我和他之间,无论是沉默还是交谈都会让我感到后悔。

人们说沉默是金;也说交谈能增进感情。

其实,都有道理,都没说错,但我认为,都得看用在哪儿。

好比一对吵架的夫妻,一方强制性交谈,另一方强制性沉默,都只会引发更大的战争。沉默的一方认为激动讲话的一方不可理喻,激动讲话的一方认为沉默的人忽视自己。这个时候一方的交谈或沉默,都没有效用。

再比如商业谈判的时候,需要看对方使用什么策略的时候,你需要沉默以不变应万变;当需要深入了解对方想法的时候,你需要用语言交谈达到挖掘试探的目的。

所以,沉默和交谈,是把双刃剑,它们似火也似水。

现在我与他冷战,我搬出来,住进我婚前的公寓里,起初觉得很宁静,甚至享受一个人待着的时光,但是久了又觉得无聊,我不停地找朋友聊天说话,但是还是感到心中难受。

当我实在忍受不了分离,去找他聊一下我们之间的问题时,又会引发更大的战争,看我前面说的好像道理都懂,但是真到和他交流,我的情绪跑出来,智商就是下降。

我现在感到十分疲惫,我感觉他也是。"

成长秘钥

真正的宁静是美好的,是主动感受生活的美,是鹤立于雪,是梅开于院,是落霞与孤鹜齐飞,是秋水共长天一色。

而真正的无聊是被动的,是觉得生活抛弃了自己,是慌张不知道如何是好,却被阴霾闷住了头,很努力才能发出微弱的声响。无聊的时候,找人聊天是漫无目的、强作轻松却带着沮丧的。

我个人赞同在暂时无法磨合的问题上给彼此一点时间、空间去思考对

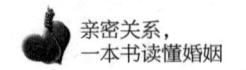

方在自己生活中的意义，从而放下眼前的成见，去展开怀抱拥抱对方。但是大多数人在刚吵完架是很难做到"云淡风轻"的，如果还有情绪在，不如去寻找真实的宁静。当我们找到了真实的宁静，也就脱离了冷战期了。

怎样才能获得内心的宁静？

我认为以下几个简单的办法值得参考。

1. 向内寻找内心的支持系统

找本符合当时心境的书，找部符合当时心境的电影，可以帮助我们暂时逃离无聊，在享受艺术作品的过程中，似乎作品的作者在与我们做伴，这个办法就像止疼药般快速而有效。但前提一定是好的艺术作品，不然，等书看完，电影结束，一切就恢复原来的样子，甚至更糟。

2. 向外启动外在的支持系统

我们发出信号，向外启动支持系统，寻找志同道合的小伙伴。你爱音乐，就去找一群爱音乐的朋友；你爱画画，就去找一群爱画画的朋友，总有属于你的群体，和你惺惺相惜。

3. 将无聊的状态变成宁静的时光

如果你有办法将无聊成功转变或者升华，一个人也可以很美好。你能捕获周围几里之内的美景，去驻足观赏；你能将自己需要陪伴的感受写入日记本中；你能放几首悦耳美妙的音乐；你能为自己煮一杯咖啡，配一块美味的甜点；你能参加一些志愿者活动，传播爱心；你能做许多让你感到心情愉快、平静愉悦的事情。

我喜欢诗人纪伯伦的一句话：当你触及生命的核心时，你会在万事万物中找到美，甚至在那对美视而不见的眼睛中。其实，婚姻生活可以很美，只要你能掌握几个让自己获得宁静的技巧，仅此而已。

旅行的风景

诗和远方是很多人心中向往的。在旅行中，我们不仅可以欣赏旅行的风景，还能追寻历史的痕迹，放松因工作而紧绷的心情，缓和夫妻之间的关系。

旅行不只是我们摆脱烦恼的心情转换器，同时它也是医治婚姻的一味药引。如果你的婚姻正面临"死结"，而你还想挽回即将破碎的婚姻，不妨和你的另一半来一场说走就走的旅行，在如诗如画的山水之间洗涤积怨，解除婚姻之"痒"。

J，男，38岁。

J说："我们家的旅行记忆可以说是一个游客蜕变史。

最初我们旅行的时候跟的团是购物团，非常便宜的那种。经历了导游软硬兼施，还有冷嘲热讽的策略，在极不情愿的心理下，我们买了自己不想买的东西。

接下来我们跟团汲取了上一次的教训，提升跟团质量，虽然强制性购物的情况没有了，但是我们去的地方是所有游客都会去的，整个游玩过程会觉得很累。偶尔发现一处比较有意思的地方，但导游会催促我们快点离开。

每到一个景点，基本上都是走马观花似的。没有来得及感受那个地方就需要赶紧离开。拍的照片也是被其他游客包围着。我们当时戏谑说跟团的感觉是："上车睡觉，下车尿尿，景区拍照，一回家啥也不知道。"

印象最深的一次，是我们去海上的一座岛屿，发现了一个神奇的山洞，那里面很少有人进去看看，除了少数几个自己出来游玩的背包客走了进去，我们的团友们基本上只看导游指引的方向，好像一个个牵线木偶。

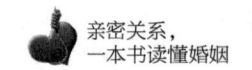

我们仨脱离导游视线走进了山洞，发现了许多当地古时候的图腾，充满神话色彩，我们大开眼界，从此决定自由行。

当然我不是说跟团一定不好，我们只是碰巧遇到几个不好的团而已，一定有好的团和好的导游，只不过我们没遇到。团有团的好处，酒店和机票方面能剩下一笔开支，只不过随着旅行的时间增加，经验越来越丰富，我们需要自己去冒险。哪怕不是每个城市我们自己做的攻略都是让我们满意的，我们也依然愿意试试。

我们终于告别了景区打卡式旅行。我们现在的旅行方式是，一半规划行程，一半随遇而安。规划的那部分把我们做攻略的地方去看看，觉得美丽的地方多停留一下。至于随遇而安的那部分，往往是最有意思的。

记得有一次我们开车经过一座山边，看到山上烟雾缭绕，我们上去竟然找到了一户人家。他们有自己的院子和茅屋，院子前面种着向日葵，像一幅漫画。妻子不愿离去，想知道住在这屋子里面到底是什么样的人。我和妻子派儿子去敲门，开门的是一对老夫妇。可能鲜少有人敲门吧，他们两人显得有些惊讶，随之又感到高兴，邀请我们进屋喝茶。

屋子里面散发着花草的清香，仔细一看是各种各样晾晒的花茶。屋内有一些看起来十分古老简朴的家具、精美的茶具，还有几样沾着泥土的农具。他们说，这里很少有客人来，除了上来收花茶的商人以外。

喝着透着清香的花茶，竟然忘了时间，等我们要走的时候，太阳都快要下山了。老夫妇告诉我们这附近有最美的日落，推荐我们去后山腰那个凉亭观赏。临走的时候二老送了我们一些花茶，我们向二老道谢，继续出发。在凉亭中看着太阳西下，云彩变幻，我们感觉此行当真美好。"

成长秘籍

什么是美？我认为是在旅行中的不期而遇，以及那一番忘记时光的交谈。旅游增长见识的同时，还可以增进夫妻感情。

1. 放缓生活节奏，调整自己的情绪，让沿途的美好风景伴随幸福前行

当我们手握方向盘行驶在高速路上时，如果速度过快，会很难发现路边的电子眼，直到最后白光一闪的时候才意识到超速的违法行为已经被记录在案了。

经典电影《完美的世界》里曾有过一句著名台词："车是一台时光机器，前方是未来，后面的是过去，如果想更快地到达未来，就踩下油门，如果想回到过去，就调整档位向后倒，但如果想享受现在，就停下车。"

人的一生是趟单程旅行，可能一辈子都没有办法回到过去，但我们可以放缓节奏，学着享受当下。例如，暂时抛开手中繁重的工作去安排一次和家人的短途旅行；不再选择做"空中飞人"而找个离家近的工作；停止没完没了的实验立刻拿起电话告诉女儿要带她去期盼已久的游乐场。速度过快会让人的感觉变得麻木，慢点，再稳点，幸福自然会伴着身边的鸟语花香包围你。

2. 旅行不能包治百病，控制好婚姻的行囊

旅行虽然能在某种程度上修复破裂的感情，但它只是一味药引，毕竟旅行的时日有限，很多根深蒂固的婚姻问题并不能在短期的旅途中解决。同时，一定要控制好自己的行囊，千万不要让动力变成阻力，也不要随意丢弃自己踏上这条路时的支撑与信念。你旅行时的方向和意义如果丢了，旅行也就变成了漫无目的的行走，又有什么乐趣可言呢？因为你已经迷路，不知身在何方，也不知道为什么要出发。

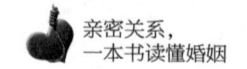

我们再次相爱

婚姻是一朵盛开的玫瑰，有时娇艳动人，有时却面临枯萎的危险。

然而，婚姻中的每个人都希望自己能拥有完美永恒的爱情。只是，婚后越来越多的现实生活，往往并不像想象中那样浪漫，更多的是鸡毛蒜皮的争吵，柴米油盐带来的烦恼，甚至，很多人还会产生过后悔结婚的念头、产生离婚的念头。此时，你该怎么办？你们还能再次相爱吗？

M，男，39岁。

M说："结婚十年了，我们的感情很平淡。常在想现在是因为责任双方还在一起吧？因为除非有必要，我们基本上已经无话可说了。有必要的话基本是：'水费你充了吗？''孩子生活费准备了吗？''二姨生日，我们去吗？''家长会你有时间吗？''冰箱制冷效果不好，要不要买台新的？'

是的，生活里面已经没有'我爱你''我想你''幸好有你在身边'。这么说很过分，但是现在和她的关系的确是有点食之无味、弃之可惜的意思。

我发现妻子跟她的男同事关系走得有些近。她自从结婚后都不怎么打扮，今年却十分在意化妆打扮。我怀疑她可能想要离开我了，她的转变是给我的暗示。当然我也和女同事有过暧昧，但是我保留了底线，从没越界。

其实我妻子现在的行为如果真被我猜中，我是可以理解的。虽然我情感上的这一关过不去，但是理智上我是可以理解的。一方面是因为我也暧昧过，我知道很可能是因为婚后生活无聊造成的，她渴望一些激情我是能理解的。毕竟都是人，我没有要求她一定是圣人，因为我自己也很难做到。

但是我发现，我当时不想出轨的原因是我真的不想破坏婚姻。我父母的婚姻不幸福，我不想重蹈覆辙。再说，她跟我分开以后，别人真的会珍惜她吗？她有过一段婚姻，还有孩子，她离婚很可能过得不好。我很担心她，因为头脑发热，而吃尽苦头。当我意识到我非常在乎她时，我决定挽救婚姻。

在她生日的那天，我想办法租下来我们第一次住的公寓，准备了幻灯片，弄了一些烛火，放了一些音乐，我们喝了酒，一起聊天，聊了许多过去的美好。

第一次见面，

第一次亲吻，

第一次入住的地方，

第一次过夜，

第一次当父母，

第一次吵架，

第一次原谅对方，

第一次感恩对方在身边，

……

把过去的每张照片做成幻灯片，一张一张看，一起回忆当年相爱的故事。

妻子躺在我的怀里泪流满面。我问她是否愿意跟我过一辈子，她说下辈子也想跟我过。我把她抱得紧紧的，不愿松开。原来，我们一直爱着对方，只不过时间太久，我们忘了自己还爱着。

看氛围不错，我想借机套话，问她今年怎么开始打扮起来。妻子有个特点，喝完酒特别耿直：'哦，哎，还不是怕我人老珠黄了，你移情别恋呗。我这叫危机意识。'看着妻子的脸红扑扑的，满眼真诚，我开始有些不好意思自己的小人之心了。

我决定冒险对她坦诚：'我之前跟一个女同事暧昧过。但是没做出格的事情，我藏在心里十分难受，想要告诉你。希望老婆您能宽宏大量原谅我。可以吗？'

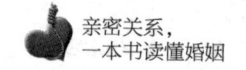

'你终于肯说了,我还在想你什么时候愿意告诉我。我猜的是可能我们老掉牙了,我也没力气揍你的时候,你才敢说呢。'原来她心知肚明,"婚后一闪而过的外遇念头谁都有过,但是只要没有越界,都还是好丈夫、好妻子,不是吗?我爱你。"这是她这两年来说这句话最多的时候。

'我也爱你。'我心想,这个浪漫的生日,故地重游,再次相爱,真美。"

成长秘钥

生活需要仪式感,不要把日子过平淡了,这样才能长久。

1. 仪式感代表着彼此对待感情的态度

婚姻中没有了仪式感,往往也意味着你们的婚姻生活已经缺失了激情。婚姻中的感情需要仪式感来维持热度。

所谓仪式感不是一定要去很高级的餐厅吃浪漫的烛光晚餐,也未必一定要送价值连城的礼物。真正的仪式感小到生活的任何小细节,一束鲜花、一封情书、一次真诚地沟通,更可以是彼此之间的小秘密,互诉衷肠……这些看似微不足道的小事都可以成为日常婚姻生活中的小仪式。只有两个人懂得用心去坚持做有仪式感的事情,单调乏味的生活才会变得充实有趣。

2. 婚姻要有仪式感,女人更要安全感

婚姻中的女人其实想要的并不多。大多数女性都会缺乏安全感,这会导致女人变得多疑,不信任对方。有时候,除了日常生活中的仪式感,女人只是希望另一半记得属于彼此的、特殊的日子。别忘了婚后也要常常和另一半"谈一场恋爱",制造一个卡片、一束花的惊喜。给生活加点"料",给彼此一个重新认识自己、重新爱上对方的机会,也让婚姻生活不再单调乏味。

第十三章
Chapter *13*

幸福的婚姻

《肖申克的救赎》不仅讲述了一个充满梦想的故事，更阐述了一个重要的人生哲理——忙碌着活，或忙碌着死。

每个人生下来就是在不停地忙碌，前期是为了能够活下去，后期则是为了活得更好。

当婚姻中的我们不用为了吃饱肚子而太过于担心的时候，精神生活变成了我们追求的另一个更重要目标。

禅理说舍「得舍得，有舍才有得」。

当我们忙碌的结果可以支付我们享受的生活的时候，我们可以相应地减少忙碌，腾出更多的时间用来感受，感受身边的亲人，感受朋友的友情，感受自然的风景，感受幸福的婚姻。

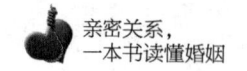

到底该不该知足？

　　熟悉的地方没有风景，是因为经常看到造成审美疲劳了吗？不全是。人们普遍都有这样一种奇怪的心理：拿到手的东西似乎永远不如拿不到的那个好。离自己越远的，仿佛就越珍贵。与其说这是审美疲劳，不如直接说这是一种不知足的表现。拿到手的这个也不见得就觉得它不好，只是另外那个也很好，真实的想法是：如果另外那个也可以是我的就好了。

　　有人说世界上最难的事情就是做选择。细想一下，原因无非两方面。一是不了解自己的真实想法，没有倾听过内心的声音，不知道自己要什么；二是不舍得放弃，因为各有优劣，每一样都希望能属于自己，似乎放下哪一个都会抱憾终身一样。

　　在婚姻中，这种疲劳症更是极大的安全隐患。试想一下，处在婚姻关系中的两个人，若总是将眼睛望向别处，去寻找更美的风景，这样的生活，应该很难幸福。

　　即便不是发生在人与人之间，而是家庭生活的其他方面，这种忽略眼前、不懂知足的心理，又怎么能给家庭生活带来稳定与幸福呢？

　　W和X，是一对理念不同的夫妻。

　　在W结婚之前，也就是他还是单身汉的时候，暗恋隔壁村的漂亮姑

第十三章 / 幸福的婚姻

娘,但是一直觉得自己配不上人家。看看家里的茅草屋,和自己穿的破旧的衣裳,W希望有一天能建了新楼房娶到她。

W一直在城里很努力打工,等到自己存够钱回到村里时,发现村里正在办喜事,热闹极了。原来是那个女孩嫁给了一个建了新楼房的同村小伙,W感到很沮丧。

同村有个女孩X,很喜欢W,说跟W住茅屋也愿意。W想着自己应该感到知足,既然住茅屋都有人嫁给自己,还奢望什么呢?W用打工存的钱给了自己媳妇的娘家人,以证明未来会对X好。

接下来W和X结婚生子,依然住在茅屋里。W也不想去城里打工了,他感觉自己身边大部分人都是这么过日子,自己也该知足。W开始在干完农活之后去村里的牌馆打一下午麻将。慢慢地,开始欠了牌馆一些钱。到了孩子要上学的日子,学费拿不出来。晚一年上学也没关系吧,W想。反正读书用处也不大,自己没读书不也成家了吗,不也没饿死吗?

推迟了一年之后,X找娘家借了给孩子上学的学费。原来以为只用借一次,可怎么想到后来的每年学费都要借。娘家人不满意W这么窝囊,劝X离开W。X不愿意离开,只是苦苦求W不要打麻将也不要整天混日子:"你去城里打工吧,孩子就不用借钱交学费了,也能赚钱把家里的房子做起来,不用每次下雨的时候都用大盆小盆接雨水了。"

W指责X说:"你啊,说到底还是想嫁一个有楼房的男人。现在瞧不起我了,是吗?你怎么这么贪图享受,一点也不懂知足?"说这句话的时候,正在下暴雨,茅屋坍塌了。X受了伤,娘家人把她接了回去。从那以后,X再也没有回W的那个家。

听说X去城里打工了,每年都给孩子寄回来学费。而W把孩子的学费输光了,在孩子初中的时候让孩子去学纺织,孩子早早去工厂上班,为家里贴补,也好帮他还欠的钱。

W是一个愚昧而"知足"的人。"知足"到欠债,"知足"到茅屋坍塌,"知足"到孩子没有学费上学。W口中的这种知足并不是真正意义上

207

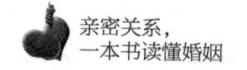

的知足。愚蠢的知足是没有意义的。真正意义上的知足是努力过后，肯定已有收获的前提下去探索未知，并对自己感到满意。而不是因为懒惰不想劳动，而找到美其名曰"知足"的挡箭牌作为借口，这其中的含义千差万别。

成长秘钥

其实不管是在工作中还是在家庭里，心态都很重要，好的心态不仅会让人与人之间的相处变得和睦，也更容易给自己带来幸福的感受。只有放松、平和的心态，才能做到知足常乐。对于设定的目标，只有一步一个脚印地努力去争取，才能够将欲望转化为实际，而不是吃着碗里的，望着锅里的，最后竹篮打水一场空。

1. 在知足常乐的前提下继续完善自己

我们往往欣赏一个积极实现自我的人，无论是一个匠人追求精致；还是一位农民把农田整理得特别生机勃勃；还是一位企业家把企业管理得井井有条。他们都能通过努力，实现自我价值，赢得他人的尊重。

如果有一天，对自己已有的成绩已经感到满意，最好的状态是在知足常乐的前提下继续完善自己。

2. 别让欲望迷了心智，幸福就在触手可及的地方

人们对物质和其他很多方面产生了欲望并喜欢与别人攀比。不能过一种简单的生活，总是被他人的看法左右，被种种"赞叹"或"鄙夷"驱使，累如牛马地忙碌在一种并不甘愿的生活中，极大地降低了自己的幸福感。欲望是无穷无尽的，天外有天，山外有山，如果因为追求无穷的欲望而忽略了身边简单的幸福，当我们蓦然回首，必定会懊悔不已。与其到了那个时候悔恨，不如从现在起就控制好自己的私欲，学会珍惜当下。

3. 克制贪恋，给爱一个自由呼吸的空间

小时候玩过沙子的人都知道，你越是紧紧握住手中的沙，它会流失得更快直到消失殆尽，可是如果你用手捧着它，最多只有多出的部分会失去，剩下的一大半还掌握在你的手里。对于爱人，也是同样。每个人都向往着自由，害怕被约束，尤其是用爱的名义来约束对方，会更加使得对方被束缚住，最后苦不堪言地选择分手。因此，要给对方一个足够的空间，例如，当他和朋友吃饭的时候，不要不停地给他打电话；当他出差的时候，也不用时时刻刻给他发信息。学会给爱一个自由呼吸的空间，才能让爱活得更长久。

情感用于生活

每个人的一生当中都会伴随着理智、情感两个词。

无论是在工作中，还是面对婚姻中的情感问题，我们都需要既从理性的角度思考，同时也要站在感性的角度去面对。

在婚姻生活中，保持理性其实是一种能力，有了这种能力，才会将更多的情感投入到生活里，才能和另一半感受到婚姻的幸福。

我非常喜欢一句话：理智用于工作，情感用于生活，两者兼之用于理想。这基本上是我在成长路上迷失之后的指路明灯。如果在工作上我受阻，我会提醒自己保持理智清醒；如果在婚姻生活中遇到困难，我会提醒自己多用心去感受，表达自己的情感；在追求学术的道路上，理智和情感兼而有之，能使我保持学习和探索。

我们仅仅用理智去生活，会让一些事情处理起来好像很有效率。但是

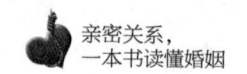

往往会以忽略身边人的感受为代价。比如一位企业家朋友，他一切的工作和生活都是在讲逻辑。他每天非常匆忙，但是忙完之后又非常落寞。

他基本上无法对任何人说出"你不要这么做，我不喜欢"，或者"你别这么做，我会担心，我会难过，我会想离开"。他的防御机制很重，一切都尝试用逻辑解释，连恋爱的时候，都可以这么做。一个女孩喜欢他什么，不喜欢什么，基本上可以用条理说得清清楚楚，就是不谈自己的感受。

我在想，是否在许多人的世界里，承认自己情感脆弱的那部分是羞耻的。但这是错误的，因为情感不仅仅是在悲伤时的表达。比如妻子或者丈夫精心准备了烛光晚餐，爱人可以说一句："你特意为我准备这些，我太幸福了。我爱你。"看，谈谈感受，不要害怕对方起"鸡皮疙瘩"，因为也许只是对方被你的话给电到了。

在我们小时候，父母太忙了。当我们尝试表达自己情感的时候，可能会被父母挡回去。女孩表达情感的机会多一些，因为社会认为女孩是可以软弱的，甚至是有些鼓励的。而对男孩的要求往往是：男儿有泪不轻弹，打碎了牙齿往肚里咽。这种塑造扼杀完整的人格，其实相当残忍，不是吗？

成长秘钥

当我们在结婚生子的年龄时，早已不是孩子。可以大胆地表达自己的内心感受。我们感到喜悦、悲伤、愤怒、快乐，都可以大胆地告诉自己信任的人，尤其是自己的伴侣。当我们将内心的情感释放，我们与伴侣之间的情感便开始流动了。

许多人不善于也不愿意在亲密的人面前去表达，想要保留完美的形象。但没有人是完美的，我们为了保持完美的形象，而不愿做有血有肉、情感饱满的那个真实的自己，想想还挺自虐的。

1. 理智用于工作，情感用于生活，两者兼之用于理想

对于工作我们讲逻辑，可以提升效率；对于生活我们需要谈情感，用感受让情感蔓延；对于我们所要追求的理想，我们需要不断总结失败的经历，用理智去帮助我们前行，然后再使用情感帮助我们坚持奔向心中的梦，不怕失败的过程就已经是成功了。

2. 谈恋爱要感性，婚后要理性

恋爱过程中的甜蜜都是很感性的一种情感，但是婚后更多的是家常琐事，需要理性地去经营。对于两个人的感情生活，如果要想把握好感情与理智的天平，就要明白：感情要用理智来制约，而理智更需要感情来调和。这样的婚姻才会多一点幸福，少一点悲剧。

能"闲"是福

很多人担心自己闲下来，或是在清闲的时候会感到无聊，所以不敢闲下来，这让能闲下来的人成为了"勇士"。

为什么？因为繁忙的都市生活，竞争太激烈。一旦闲下来看到身边的人仍然在学习、在工作，便觉得恐慌。若真有机会闲两天，闲时的危机感、内疚感就赶紧跑出来指责自己，极尽心乱之能事，反倒让闲下来的日子变成了痛苦。因为不想痛苦，就开始逃避闲暇，视之为洪水猛兽。

可是，闲和懒不同。闲是工作之余的休息，是一种精神的放松。懒是不愿意工作，是一种精神的逃避。许多人不愿意闲，恐怕多半是因为怕自己变成懒惰的人。但哪里会呢？一个生性勤劳上进的人，怎么会因为一段

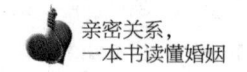

时间的闲暇而成为懒人？实在杞人忧天了。说到底还是对自己不自信，不相信自己的自制力。

我倒觉得，适度的闲暇，放空身心，有助于回到社会中更好地创造。就好像一台一直运转的水车，也需要停下来修整检查，为的是更好地继续运转。如果任由它一直运转，到坏了的时候才去维修，只会更耽误功夫。

暂时停止思考。停止对外界做出反应，是闲下来的必要功课。许多人有闲暇的时间，却没有闲暇的心境，白瞎了这宝贵的时间。我见到许多人在旅行过程中，用手机不停拍照，就是不肯用眼睛去看眼前美丽的世界，也不愿意去呼吸这方土地上的独特气息。他们忙着修图、忙着摆造型，到了旅行结束，其实内心对这次旅行并没有什么动人的体会，有的只是比工作更忙的印象，那么这次旅行基本上失去了意义。因为根本没有闲下来去感受。

能闲下来感受外界的人是幸福的。因为这样的人需要有好的心境、好的感受力，简单来说就是有一双发现美的眼睛。在郊外散步，一叶飘落，知繁华，择清幽；远处传来笛声，驻足聆听；开车在都市里，路边老夫妻挽手慢慢徐步前行；去幼儿园接孩子，他们兴高采烈地冲向我们的怀抱，这些画面都很美，它们经常出现在我们眼前，而我们时常忽视。

一个整天处在紧绷状态下的人难以发现生活的美。到老感慨："我的一生又有什么意思呢？"当然没有意思，因为原本每一天都可以有意思，而我们活在未来的计划中，急急忙忙，就是偏偏不感受当下。有意思的事情，美好的事物，就这么活生生错过了。

除了活在未来的人会忽视闲暇时光，还有只停留在过去遗憾中的人，也会有这个问题。这类人总喜欢自哀自怨，不肯对过去的事情释怀，把回忆抓在手心里不肯放开，也看不见当下所发生的事情。

> **成长秘钥**
>
> 我们急忙去做一些事情，真的会让这件事变得有质量吗？据我所知，真正创造性的公司都是有很大的自由空间给员工和管理层的。鼓励他们多多思考，放松身心，然后更好地创造。紧张毛躁地做事，似乎更低效。既然如此，我们是不是该反思，如何让自己的心闲下来呢？
>
> 1. 没有"闲"的婚姻只剩下无趣
>
> 夫妻两个人每天早上就各自上班，为了工作忙碌一整天。下班回家做饭、辅导孩子学习，自己还要为了提升而不断学习直到深夜。日复一日，好像每一天两个人都异常忙碌，渐渐少了交集，感情好像被慢慢冲淡了。台湾作家余光中曾批判现代社会的快节奏："太快有什么好！"再忙碌，也别忘了"闲"，适时停下来，给彼此一点喘息的空间，制造一点浪漫，否则婚姻也只剩下无趣乏味，令人厌倦。
>
> 2. "闲人"不等于"废人"
>
> 任何事都应该有一个度，真正的"闲"是知道自己何时应该停下来，应该如何休息、做什么事，但这不等于闲下来就成了废人。当一个人在婚姻中没有了价值感，那么他的责任感也会随之减少，灵魂变得空虚，生活变得无聊，这样的心理发展到最后无异于生命的浪费。即便在闲暇之余，也要充分利用有限的时间，和对方一起做有意义、有价值的事情。

人的幸福

幸福来之不易，才会更加珍惜，但时间一久，往往会拿出去比较。自己认为的幸福，也许不是别人认为的幸福，于是放弃了自己好不容易找

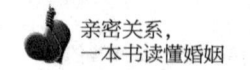

到的幸福，再去更远的地方寻找，一辈子都活在不知足的不快乐中，甚至会搞不清幸福的真谛。而有的人，丢掉了自己的幸福后，再也找不到幸福了，便一直活在悔恨里。

对自己的选择负起自己的责任，快要放弃的时候想想当初是因为什么样的坚持而到了这里。调整好自己的心态，当自己努力过了，那么结果便不再那么重要。人的出生和结局都是预定好的，我们唯一能做的，就是把握好这个过程。因此，越早出发，便可以越早寻找到幸福，幸福是个没有安全感的小孩，当我们忽视了他之后，可能在不经意之间他就溜走了。

我的好友L，就是因为不懂得这样的道理，把到手的幸福给弄丢了。

L大专毕业后，凭着不错的相貌在上海找了一份外资公司前台的工作。在这个公司里她认识了她的初恋P，P是个踏实勤奋的男孩，和L是老乡，在公司里做销售。

P很喜欢L，每个月都用自己的工资给L买衣服，带她去吃饭，送她护肤品和香水。L一开始觉得很幸福，觉得虽然P的工资不高，但是却用百分之百的心去对待她。他们计划在上海买房结婚，于是L开始缩减开支，尽量把钱都攒起来。

随着在公司里待的时间越来越长，办公室的女孩子关系渐渐都混熟了。公司里另一个前台悦悦是个地道的上海小姑娘，讲话直来直去的。她的家境不错，每次约L逛街都奔着大商场去。也会热心地拉着L试穿各种美丽高档的衣服。她看着L身上穿的平价品牌，认认真真地告诉L，"女孩子的青春只有一次，要舍得把钱花在自己身上，现在不花难道要等人老珠黄再打扮吗？"

L禁不住一而再，再而三的相劝，也确实沉醉在身上穿着的美丽衣服带来的赞美和恭维里，渐渐的L不再满足去平价店买打折的衣服了，也不再满足将自己美丽的容貌葬送在平庸和单调的男人P那里了，她找着各种理由和P挑刺争吵，好脾气的P先是哄着，最后实在忍无可忍选择了分手。

L在和P分手之后，很快和一个有钱的老板交往起来，那个老板给L买各种各样新款的包包和衣服。L成了周围人羡慕的对象，只是她知道那个老板除了她，身后还有好几个比她姿色不低的女人享受着这一切。L的物质越来越丰富，可是精神却变得越来越空虚，对待那个老板的态度也渐渐冷淡了下去。后来老板不愿意再在L身上花心思了，L离开老板之后，有天在路上隔着马路看见P，身旁站了一个很普通的女孩，一起吃着路边小摊的食物很开心地聊着天，L的眼眶湿润了，她知道她曾经丢了最重要的东西，而这些东西，她再也找不回来了。

成长秘钥

幸福不会主动过来找你，需要你自己去努力找到它，用心维护它。寻找幸福的过程中，我们要做的事情是：

1. 做真实的自己

我们过去是一个什么样的人并不重要，重要的是我们决定当下成为什么样的人。接纳自己的过去，关注当下所拥有的，愉快地迎接未来。

幸福的反面是痛苦。若我们需要摆脱痛苦，就需要了解痛苦。因为幸福从痛苦中来，就好像光明是从黑暗中来一样。能区分什么是光明的前提是我们能了解黑暗是什么，幸福也是如此。我们有足够的智慧才能面对强大的痛苦，战胜、接受、转化成幸福。

2. 保持学习，探索自己更多接近智慧的可能

当我们获得智慧，我们也就能了解生活绝大多数的苦痛的根源，也能去宽恕一些曾经我们认为不可饶恕的人或事。

我们需要不停地学习。因为我们在婚姻里面，会遇到很多困惑，而学习是解答困惑的最佳途径。关于家庭模式的了解，关于两性情感的了解，各种各样性的模式我们都需要清楚。因为只有我们足够清楚我们所有的一切，才能知道自己想要的是什么。知道自己不想要什么的人最幸运，知道

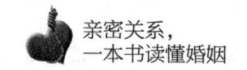

自己想要什么的人往往最幸福。

关于经济，夫妻的感情优于金钱，这是永恒的真理。因为财富而破坏感情，是我所知最愚蠢的行为。无论我们采用哪种经济模式，尊重对方的情感、关心对方的情感永远在金钱之上。因为在我们弥留之际，我们怀念的不是没有用掉的金钱，而是与伴侣之间的爱。

3. 坚定自己的信念，幸福就在不远处

当人有了自己的目标，不管是对于学业还是事业，抑或是家庭，最美好的品质之一是坚持，很多成功的事业和美好家庭，都有着这么一条可贵的经验。婚姻里，每天坚持十几秒的眼神对视，这样简单的一个小细节就会让亲密度稳步上升；事业上，每天坚持提前半小时去公司给当天的工作做一个计划，最终也会功夫不负有心人。只要坚定自己的信念，向着正确的方向前进，往往你希望的，到最后都会成为现实。幸福从来都在触手可及的地方，但前提是，你要学会伸出自己的双手，坚定不移地去抓住。

含笑亲吻，相拥无言

如果夫妻两个人都朝着一个目标努力奋斗、相互配合，那么事情成功的可能性会远远大于一个人独自奋斗拼搏。

两个人结合在一起，应当建立在对事物有一致的认识和沟通的基础上。有了对事物的正确认识，才能形成共识；有了共识，才有一致的目标和坚定的信念，行动才能默契。试想一下，如果两个人不齐心协力，而是相互朝着各自的方向行驶，那么时间越久，隔阂越大，沟通也会越来越少，问题就会越来越多。迟早有一天会让婚姻走上破碎的不归路。当两个人中的其中一方占主导时，另外一方需要站在大局的利益上来看，牺牲小我，把眼光放长远，在不久的将来，两人一定会共同分享胜利的果实。

一对相伴一生的夫妻，临老决定分开旅行。

妻子最喜欢城市的繁华，丈夫最喜欢海上的孤寂。

妻子留在空无一人的轮船上，在海中随大浪飘荡。

丈夫在拥挤的都市，与人群熙熙攘攘。

一生已接近尾声，他们想互相体验对方的喜好，一个人去感受。

随着巨浪，老旧的轮船颠簸不息。随着夜幕降临，海水变得深沉且神秘。在船上反光的金属前，看着自己的模样，妻子幻想着此刻丈夫正在自己身边，与自己相拥。紫黑色的海水时不时冲上甲板上，像是在和她激烈地打招呼。她缓缓走下船舱，换上潜水衣，潜入海下。在惊涛骇浪的海面之下竟如此平静。她在想：他一个人在此刻都会想什么呢？

丈夫在城市地铁口踌躇，不知去向何处。想着也许拥挤的地铁上，繁忙劳累的年轻人还要腾出空座给自己，有些不忍。他最后放弃乘坐地铁的念头，在附近找了一家咖啡店，在棚伞之下坐了下来。雨后的阳光洒下来，他伸手去接。阳光透过他老去的手指，滑向地面。他看着地面上自己的手，想象着和妻子十指相扣的样子，想着如果此刻她在该多好。咖啡馆落地窗里面一对年轻的情侣为了什么事情在面红耳赤，他望过去，幻想着那是年轻时的他和妻子，便觉得可爱极了，笑了起来。橱窗里的男女看见棚伞之下一位白发老人友善地笑着，突然觉得吵架没多大意义，便安静了下来。

相约在码头见面的那一天，妻子带了海下的珊瑚，丈夫带了街边的花束，两位白发老人，含笑亲吻，相拥无言。

他们在年轻的时候，曾为了改造对方成为自己想要的样子，而痛苦万分；

为了孩子的教育闹得不可开交，而后放手让孩子成长；

也曾为了彼此的异性朋友嫉妒得发狂，而后给对方适度的空间；

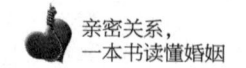

也曾为了远离不合适的工作换一座城市生活，而后相互鼓励；

也曾因为孩子失业的不顺相互责怪，而后相互宽慰；

也曾表现出不在乎对方却在对方生病后寝食难安；

直至今日，他们一起到了白头。

他们也有与大部分人相同的矛盾。唯一不同的是，他们有一颗坚持和对方走下去的心，所以总能在矛盾之后，愿意一起调和。谁都不愿意抛下对方去流浪。临老发现，最感激的是他，最亲的是他，最想在一起经历一辈子仍是他。

成长秘钥

如果你正处在人生的路口不知如何前进，不妨先设想自己已经老去了，眼前的这些矛盾，你真的愿意给它机会破坏来之不易的感情吗？

我们的祖先，再到我们的父母，如果没有在特定的时间去结合，都不会有今天的我们。有了我们这个人之后，我们还需要在特定的时间，在人海茫茫中与对方相遇。看，多难得。

1. 精神财富共同积累，避免思想差距越来越大

一个人的精神体系，和他从小生活的环境、接触的人群、受过的教育息息相关。而两个人的结合，由于各自的背景不一样，往往在最初会产生对对方生活状态的一种好奇。这时候的沟通，就起到了增进了解的作用。当两个人的生活开始融为一体的时候，互相对于以前生活状态的交流便会越来越少。这时候的话题骤减，便需要其他的话题来不断地填充，以便于随时掌握对方的思想动态。其实我们可以通过很多小事去了解对方的想法，比如一起相约去拜访对方的亲人朋友，一起对某本畅销书进行评论，一起写博客对时事表达各自的观点。简单的细节在保持关系的距离远近中通常会起到意想不到的正面作用。

2. 多交流，常沟通，学会站在对方的角度上去想问题

婚姻中最重要的品质除了宽容、理解、尊重对方之外，还要懂得站在对方的角度上去想问题。比如说，当老公在外辛苦了一天回家，只是想吃一顿热饭，好好地休息一会儿的时候，这时候你却硬要他陪你去逛街、买衣服。当他拒绝之后又不高兴，耍起小性子等他来哄你。一次两次这样任性可以，时间长了，肯定会招致反感，引起争吵。在这个时候，做个体贴而智慧的伴侣，把自己的要求在时间上适当地向后挪一挪。也许在他感动之余，会主动要求满足你的愿望。

3. 思想的距离越近，心的距离越近

在婚姻里，最遥远的距离，可能是曾经互相深爱，最后却觉得陌生。这是每个人都不愿意发生的事，但如果在婚姻关系中没有找到相处之道，那么心灵越走越远，也是迟早的事。想要让思想的距离变近，可以从肢体语言的接触开始，比如每天互相拥抱一次，睡觉前亲吻对方道晚安。而让思想拉近的根本，则是扩大自己的知识面，不断提高自身的素养，和对方保持在同样的高度上，给对方试着提出一些有价值的建议，这样慢慢地，对方也会在思想上越来越依赖你，让彼此的心慢慢贴近。

后　记

这世上，每个人都渴望有一段良好的婚姻，这是出于安全感的需要。

尽管我不能保证读完本书的你已经找到了这份安全感。

实际上，我们越希望一样东西能够给自己带来安全感，往往这样东西就会变得越不安全。我接触过的很多女性朋友，都试图通过营造良好的婚姻氛围来让自己足够"安全"。在我看来，这更像是一种幻梦。因为安全感是一种内在的感觉，而维系婚姻的"安全"指数则需要通过外在的努力。

当你在婚姻中充满了不安全感时，说明你的心已经充满了内在的恐惧。一个心怀恐惧之人，即便把门锁得死死的，她的内心仍然是害怕的。而唯一能够平息内心恐惧的方式便是：发现真相。

没错，我更希望这本书不只是单纯意义上的"婚姻指南"，而是带你探寻并发现婚姻真相的一本书，一个让你告别内心恐惧、获得更多安全感的利器。

没有绝对安全的婚姻，你内在的"安全感"才是唯一安全的东西。

从这个意义来说，婚姻不只是共同成长的桥梁，同时也是一种找寻和认识自己的途径。在你们夫妻共同成长的过程中，你的心试图通过对方来

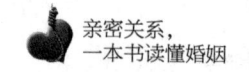

认识和接近自己。

当心中的自己不够清晰时，就容易陷入互相指责和伤害中，也就是不良的婚姻关系。这时你要认清，婚姻中任何被控诉、被指责或被怨恨的人都是无辜的，他们都不知道问题出在了哪里，但至少你应该知道。

在相互伤害的关系中，没有任何一方是真正的胜利者，你伤害对方的同时也在伤害自己。婚姻是心的内衣，穿上它的人总是希望既合身又贴身，既舒适又保暖。但前提是，你必须清醒并看清真相。否则，即便你阅读了数百本所谓的"婚姻指南"，一切也只是个可望而不可及的梦。

托尔斯泰说："人类的使命，在于自强不息地追求完美。"但这绝对没有捷径，真正的结婚不是表层的。无论你想拥有完美的爱情还是稳定的婚姻，抑或是长久的友谊和一份好的工作，你都必须从自己着手。你亲手种下的种子，只有你自己主宰它，才能够开出好看的花和你想要的果。

还记得我在开篇时说的话吗？婚姻最大的魅力就在于探索两个没有血缘关系的人，通过共同的努力，究竟能达成多么深的链接。最好的婚姻不是彼此消耗，而是共同成长。在此基础上，去了解婚姻的本质，看清婚姻的真相，那是你真正获得良好婚姻并从中找到安全感的途径。